励志丛书 / 文昊◎主编

# 论辩的艺术

夏阳◎编

新疆美术摄影出版社

图书在版编目（CIP）数据

论辩的艺术 / 夏阳编. — 乌鲁木齐：新疆美术摄影出版社，2010.9（2015 年 3 月重印）

ISBN 978 -7 -5469 -1189 -2

Ⅰ. ①论… Ⅱ. ①夏… Ⅲ. ①论辩 - 语言艺术 Ⅳ. ①H019

中国版本图书馆 CIP 数据核字（2010）第 184568 号

**励志丛书** / 文昊◎主编

论辩的艺术 / 夏阳◎编

---

策　　划　于文胜
责任编辑　陈思青
出版发行　新疆美术摄影出版社
地　　址　乌鲁木齐市经济技术开发区科技园路 5 号
邮　　编　830026
经　　销　新华书店
印　　刷　三河市燕春印务有限公司
开　　本　787 ×1092 毫米　1/16
印　　张　11
版　　次　2015 年 3 月第 2 版
印　　次　2015 年 3 月第 2 次印刷
书　　号　ISBN 978 -7 -5469 -1189 -2
定　　价　29.80 元

---

# 目 录

## 第三章 论辩进攻技巧 ……………………………… (51)



## 第四章 论辩防守技巧 ……………………………… (93)

# 第一章　论辩准备

## 1. 确立论辩论点

（1）论点新颖，有独到见解

创见性是指论点要新颖，有独到的见解。不人云亦云，不拘泥旧说，也不主观臆断，能提出新主张、新观点，解决新问题，表现出远见卓识。

创见性主要表现为提出新论点，即能提出别人没有提出过的见解和主张。当然，提出新论点，并不是臆想妄断，随意地标新立异，必须是在继承前人正确观点的基础上，符合客观规律的创新。这种创新的论点，是符合客观规律的真知灼见，它是对真理的发展，是人类认识的进步，是能够解决随着客观世界的发展而出现的新问题的观点。

创见性，还表现为提出论点的新角度。这种论点虽然重复了前人已经认识了的真理，却能使用前人从未使用过的新视角，为我们提供解决问题的新方法、新途径。

要使论点具有创见性不是轻而易举的。要提出创新的真知灼见，必须善于吸收古今中外的知识营养，使自己博学多闻，思路开阔；要提出创新的真知灼见，还必须善于在继承前人的基础上推陈出新，不迷信书本，不盲从权威，继承、发展前人合理的科学的观点、理论，扬弃其不科学的因素。通过思索，使新旧知识在一定的逻辑关系中重新组合，进行新层次或新领域的探索、开掘。这些是一个辩者能获得创见所应具备的胆识。

（2）使论点尽量科学

论辩是一种以辨明真理为最终目的的社会语言的互动，绝不能凭着海阔天空的主观臆断去随意宣泄。论辩的论点必须是对客观事物的本质

及其规律的正确、全面的反映和阐明。论点必须符合客观事物的本质和规律，切忌主观、片面、形而上学。这就是论点的科学性。

要使论点具有科学性，最根本的一点在于辩者要树立科学的世界观和方法论，即辩证唯物主义和历史唯物主义。因为它们是关于自然、社会、人类意识活动的本质与规律的最正确、最科学的概括和反映。只有掌握辩证唯物主义和历史唯物主义的立场、观点、方法，才能在论辩中提高分辨是非的能力，增强自觉性，减少盲目性，从而提出并坚持正确的论点。

科学性，首先表现为论点正确，即正确地反映客观事物的本质和规律。如果论点不正确，在论辩中就失去了取得胜利的基础。即使用尽技法，侥幸取胜，也会造成不良影响，出现负面效应。

科学性，还表现在知识运用和材料选取的准确上。如果是专业型辩题的论辩，这一点更为突出。有关的专业知识、专业资料、专业术语的运用都应准确无误，不然，小则贻笑大方，大则将论辩引向歧途，甚至阻碍论辩的顺利进行。如果是专业型以外的其他类型辩题的论辩，有关的生活知识、社会知识等也应力求准确，才能使论辩正常进行。

科学性，还表现在表述论点的语言上。语言要准确且恰如其分地将论点表述清楚，使论点不生歧义，一目了然。

论点的准确性，是对立双方的辩者确认辩题的共识点和争论点的可靠基础。

（3）有针对性的论点更鲜明

论点的鲜明性，是保持针对性的需要。因为要与对立方展开攻守，就必须丁是丁、卯是卯，来不得半点含糊，也不能闪烁其词。我们所说的鲜明性，是指提出论点必须做到：

①清楚明确，不含糊其辞，不产生歧义；

②论点中的概念、判断应始终保持统一；

③态度明朗，该肯定就肯定，该否定就否定，不模棱两可。

在日常生活中，我们时常遇到一些说这类话的人，他们赞成什么反对什么，肯定什么否定什么，连他们自己也不清楚，作为一般的议论，什么也没有议论清楚。如果是论辩，对方肯定不知其所云，怎么展开

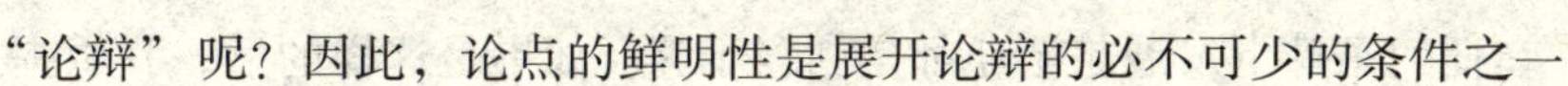



"论辩"呢？因此，论点的鲜明性是展开论辩的必不可少的条件之一。

（4）针对性是为了让观点切中要害

论辩是具有对立面的社会语言的互动，所以论点的提出，必须与对立方的观点、主张针锋相对，要紧紧扣住争论的焦点，对方是正，我方必反；对方是反，我方必正。这就是论点的针对性。

具备针对性，要求论点必须集中。论辩是针对一定的辩题展开的，辩题总有一定的复杂性，不然，就不必论辩了。复杂的辩题存在着各种矛盾，既有内部的矛盾，也有外部的矛盾，且各种矛盾间具有不同的属性和规律。因此，辩者提出论点不可能也不必要面面俱到，应该抓住主要矛盾和矛盾的主要方面，抓住本质和核心问题去确立论点，这样才有利于集中论题，促使论辩更深入地展开。

具备针对性，要求提出的论点必须切中对方的要害，这样才能集中力量驳倒对方，使己方处于有利地位，摘取胜利的桂冠。

## 2. 对论辩论点明确表述

（1）表述观点，要优选角度

1986 年亚洲大学生论辩会决赛中，辩题是"发展旅游业利多于弊"。按照一般的直线思维，是去分析这一辩题的对立分歧的争论点："利多于弊"或"弊多于利"。按照常识推论，"利多于弊"容易理解，事实上也确实有一些国家或地区，由于发展旅游业而使本国或本地区经济得到发展，甚至一些国家和地区的旅游业已经成为其国民经济的重要支柱。至于"弊多于利"，从经济角度来看，确实很难找到这样的实例。担任这场论辩反方的北京大学代表队是怎样来确立和表述己方论点的呢？当正方香港中文大学代表队列举了事实，说明发展旅游业"利多于弊"之后，北京大学代表队第一位辩者发言道：

听了对方同学的发言，我倒有好几个问题想请教一下。第一，旅游、旅游业和发展旅游业到底是不是一回事？第二，你们谈了半天发展旅游业的利多于弊，但是，我还没有明白你们是怎样衡量出来的？第三，如果按照你们的逻辑，发展旅游业的利多于弊是无条件的，也就是说，在任何条件下发展旅游业都是利多于弊。如果是这样的话，我想提醒对方，你们的立论就站不住脚了……至于谈到发展旅游业，对方同学更是偏得太远。我们主张发展旅游业，这种发展，应该是健康的、有效的，有利于人类未来的发展。要做到这一点，除了具备许多客观前提，比如：第一，自然条件；第二，一定的社会基础设施；第三，良好的生活环境；第四，政治稳定等之外，更重要的是一国政府要有发展旅游业适当的政策和规划。如果像对方同学所说，发展旅游业就可以无条件、无节制地发展，那么肯定是弊多于利，而且很可能是有弊而无利。我们所说的利，不仅考虑到局部的利和眼前的利，更重要的是考虑到长远的利和整体的利……

北京大学代表队，选择了发展旅游业需要一定的物质和社会的条件这一角度，确立表述了自己的“弊多于利”、“而且很可能是有弊而无利”的论点。这个论点确实有一定的说服力，论辩的攻击力也很猛，令在场的观众十分赞叹。由此可见，优选角度多么重要。

表述论点，要选择最优的角度。角度好，可以避开难点，还可以别开生面，增强论点的说服力。

（2）给概念下定义，是表达观点常用方法

1999 年国际大专论辩会 A 组总决赛辩题是“美是客观存在还是主观感受”，正方马来西亚大学队的规范陈词，就是从对“美”、“主观”、“客观”这些概念的定义出发来阐述论点的：

美是一个事物或行为的特质，它有着三个特性：第一是形象性，第二是感染性，第三是功利性。第一，形象性指的是，一个事物如何发挥它的美，它就必须拥有一个具体的形象或形式；第二，它也必须拥有一个感染性，让人们能够引起本身的欢愉或喜爱的感觉；第三，它也拥有一个功利性，能够给予人精神及物质上的好处，例如净化及使用等。由于美的存在必须由这三个特性进行衡量，因此也就产生了一个客观的规律，而由于要用这个客观的规律去衡量，对方怎么能够说这是主观感受呢！

除此以外，美的三个特性也是独立于人的主观意念之外的。人的主观感受不能改变这三个特性的规律，在欣赏的过程中，主体与客体所产

生的关系只能是感受与被感受的过程，是客观存在的美引起的人的美感，而不是人的美感创造客观事物的美。美不以欣赏者的个人主观意念而改变。

反方西安交通大学队的规范陈词，也是从定义入手提出论点的：

我方认为美是情感的想象活动所引起的精神愉悦，它需要感受与存在而会于心灵。

而且随之抓住对方的定义，展开进攻：

如果美是客观存在，像这张桌子一样的话，我们根本就不用“感”也不用“会”，只要“看”就可以了，这样倒也方便！只不过我们看到的将会是千篇一律的美，因为美是客观存在的，那么只要大家的视力差不多，对美的认识就应该是相同的呀！如果这样，就有一些问题不好解释了，为什么我们要不断地交流，对美术、绘画、音乐、包括论辩的感受呢？

我们姑且不论这一轮论辩的内容，仅从他们论辩的方法与步骤分析，就可以了解：给概念下定义，是表达论点时经常使用的方法。可以用明确定义的方法去阐明论点，也可以用明确定义的方法去反驳对方的论点。在定义上稍有失误，就可能使立论失败；同样，利用对立方定义的失误，也可能使驳论成功。

在论辩中，定义是十分重要的问题，无论是辩护还是辩驳，论点上的分歧，往往表现在对概念的理解上。有时理解上仅有细微的差别，也会成为相互对立的焦点和相互攻击的靶子。为此，在论辩时首先要明确定义，弄清概念。

（3）概括论点要适当

我们确立和表述论点时，往往有这样的情况，就是从个别事物、现象推导出一般的普遍的道理，这就需要概括。

鲁迅在为内山完造写的《活中国的姿态》序里，这样写道：

“一个旅行者走进了下野的有钱的大官的书斋，看见有许多很贵的砚石，便说中国是‘文雅的国度’；一个观察者到上海来一下，买几种猥亵的书和图画，再去寻寻奇怪的观览物事，便说中国是‘色情的国度’。”

这里，旅行者的结论都是不可靠的，因为他们都犯了以偏概全的错误。

我们所说的概括适当，是指由个别事物或现象概括出普遍性的道理，要使这种推导具有必然性，能由个别必然推出一般，既不扩大也不缩小，要恰到好处。扩大了就会以偏概全；缩小了就会以全概偏。倘若根本就缺乏必然性而要硬推，就会使论点与其依据脱节，成为强加于人的观点。

（4）合乎事理才能反映客观

确立、表述论点，要合乎事理，才能正确地反映客观。倘若与事理不合，此论点即失去了正确性、科学性。

据载有两国外交人士会谈石油问题。输出国要求每桶石油额外加价的金额超出原来一桶石油的全部价格，购买国对此深为不满：

“先生，如果我们理智地讨论问题，就必须共同遵守一些原则。”

“什么原则呢?”

“例如，没有一件东西的局部比它的整体还要大。”

“这个原则嘛，站不住脚。好吧，我打个比方，狐狸的尾巴不是往往比它的身子还要长吗?!”

这是一段狡辩，双方论辩的理由都不合事理。购买国的原则是局部不能大于整体，其实商品的额外加价与本身的价格，并非局部与整体的关系，这二者与最后成交价的关系才是局部与整体的关系。输出国以“狐狸的尾巴比它的身子还要长”为由，来说明局部可以大于整体，也不合乎事理，因为狐狸的整体应该是身子与尾巴之和。这种不合事理的论证，是无法作出正确、科学的论断的。

（5）表述观点不能产生歧义

著名数学家华罗庚上中学时，有过这样一件事：国文课老师要求学生们针对胡适为他自己的诗集《尝试集》所写的序诗写一篇文章。华罗庚就此写了一篇题为《“尝试”的概念不能混淆》的文章。文中说，胡适的序诗曰：尝试成功自古无，放翁此言未必是。我今为之转一语，自古成功在尝试。

这诗中两个“尝试”，其概念的含义根本不同。前一个概念是指第

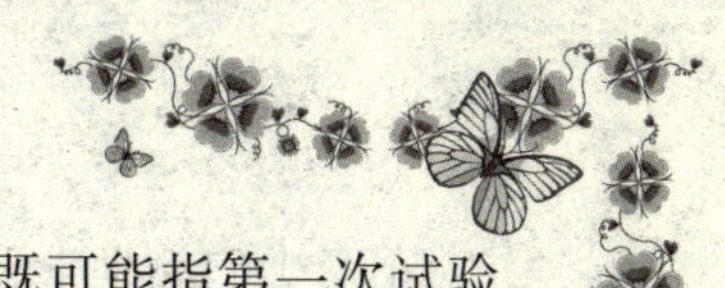

一次试验，而后一个概念则是泛指一切的试验，既可能指第一次试验，也可能指无数次试验。华罗庚辨析了“尝试”这个概念的语义，揭示了序诗中的错误，从而批驳了胡适的观点。

在论辩中表述论点时出现歧义现象，如果是故意者，则为诡辩，就失去了论辩的意义；如果是无意中不慎出现者，也是一种错误，严重的可以使其论点站不住脚。

歧义，是指语言，或是词或是句，其含义不是单一的，既可以解释成这种意思，也可以解释成另外的意思，这时它的语义就不确定了。如果表述论点的语言发生歧义，论点的含义就不确定了。

（6）表述论点时谨防矛盾

表述论点不能自相矛盾，如果出现矛盾，就难以自圆其说。这样的论点自己也可以否定自己，是无法站住脚的。

论点中若有矛盾，只需对方稍加点破，自会败阵的。

### 3. 收集充分的材料

◇事实胜于雄辩，多选择事实材料

在论辩时要能举出强有力的事例，加强论据，这是论辩中必不可少的因素。论辩前搜集到翔实的事实材料，对于取得论辩的胜利是非常重要的。

从具体的情况分析，事实材料有三类：

（1）统计数字材料

有一位小学语文教师在作文讲评课上说道：

“同学们，昨天大家写了《放学路上》的作文，这次作文写得好不好呢？我们看两个数字就知道了。我们班 50 人，写回家路上自己奋不顾身跳进水里救了失足落水小孩的有 20 人，写捡到钱包交给警察的有 21 人。同学们想想看，哪里会有那么多失足落水的小孩恰好在放学的时候让你们去救呢？路上哪里会有那么多钱包让你们去捡呢？我活了这么大年纪，上班下班走了那么多路，怎么就没有你们那么好的运气，一次也没捡到过钱包呢？”

小学生们都哄堂大笑起来。这位教师引用两个数据，就把小学生们的错误形象地揭示出来了。

使用数据材料有着不容置疑的雄辩力量，但是必须注意的是，所引用的数据要与论题有必然联系，必须能够达到论证的目的。另外，所引用的数据还必须是准确无误的，否则，就往往造成谬误，甚至导致诡辩。

数字性材料，是指由权威部门统计的某类事物的综合数字、百分比等，有时一组数字可能比一个孤立事例更能反映本质。数据资料在论辩中常作为对比论证、分析论证的基本依据。

（2）具体的事实材料

以首届国际华语大专论辩会关于“人性本善”这一辩题为例，反方复旦大学队列举事实论证“人性本恶”的情况随处可见。

二辩：“人性本恶是日常生活一再向我们显示的道理。从李尔王的不孝女儿们到《联合早报》上拳击妻子脸部的丈夫们，从倒卖血浆的联合国维和部队到杀人不眨眼的拉美毒枭，恶人恶事真可谓横贯古今，不胜枚举。对方辩友，难道你还要对着《天龙八部》申恶贯满盈、无恶不作、凶神恶煞、穷凶极恶这四大恶人谈什么人性本善吗?”

后来三辩又论证道：“人类在诞生之初，就已经把本恶的人性充分地显示出来。人类学研究表明，周口店猿人就已经懂得用火把同类的头骨烤着吃，这种生猛烧烤，是何等凶残啊！而《人类的起源》一书中告诉我们当一个土人的小孩不小心，把一筐海胆掉进海里的时候，土人竟把他活活地摔死在石崖上。面对着原始人这种凶残的天性，对方辩友，难道还告诉我们人性本善吗?”

在论辩队员列举的大量触目惊心的事实面前，人们不能不信：人性本恶。

这种事实材料，就是指与辩题有关的正面的、反面的、历史的、现实的，能够反映事物的面貌、性质、变化、时间、地点、原因、结果的具体事实材料。有些真实的细节材料，很有分量，十分重要，可能成为“重型炮弹”在论辩中派上用场。比如，在法庭论辩中有时一件具体事实可能推翻或改变审判的结果。

(3) 概括性事实材料

周恩来总理在北京的一次中外记者招待会上，介绍了我国经济建设的成就和对外方针之后，谦和地请中外记者提问题。这时，一位西方记者急不可耐地站了起来，不怀好意地问：

"请问，中国人民银行有多少资金?"

这句话实质上是讥笑中国贫穷，同时又想套取我国国家机密。对此，周总理机智地回答说：

"中国人民银行的货币资金嘛……有十八元八角八分。"

此语一出，全场记者为之愕然！场内鸦雀无声，静听周总理作解释，周总理接着说：

"中国人民银行发行面额值为十元、五元、二元、一元、五角、二角、一角、五分、二分、一分的主辅人民币，合计为十八元八角八分。中国人民银行是由中国人民当家做主的金融机构，有全国人民做后盾，信用卓著，实力雄厚，它所发行的货币，在国际上享有盛誉。"

周恩来总理在这里使用的其实就是概括性材料，回击了对方的挑衅。一番妙语，惊动四座，激起全场听众热烈的掌声。

所谓概括性事实材料，即概括反映了某一事物，或者同一类事物，或者事物全貌的事实材料。这种材料能从全局角度揭示事物的本质规律，很有说服力。

◇理论性材料是成功的重要保证

有一天，某大学的两个女学生走进一家装饰华丽的个体餐馆。女学生甲翻开桌上的菜单，突然眼前一亮：

"看！熊掌！每盘20元，来两盘怎么样?"

"人们都说熊掌名贵，价钱也不贵，OK!"

于是她们叫来了招待员，点了两盘熊掌，还要了些其他食品。一会儿，菜上齐了。她们吃完之后，叫来招待员结账，招待员开出账单：

"一共4025元。"

"什么？你没搞错吧?"一学生几乎吓昏了。

"熊掌每盘2000元，你看菜单。"招待员说。

另一位学生翻开菜单一看，果然是2000元，中间没小数点。这下

她们急得几乎要哭了。这时，老板走出来，看了几眼付不起钱的女学生说；“没钱，就请将证件留下。”她们乖乖地交出了学生证。学生会出面跟老板交涉，看是不是能少收一点钱。老板斩钉截铁地说：“一分也不能少，如果三天之内不把钱付清，便立即向法院起诉。”

两位女学生只得忍气吞声，多方筹措，凑齐 4025 元，第二天把钱送去，赎回了学生证。

一星期后，有个律师知道这件事，决定为她们挽回损失。他叫两个学生到餐馆向老板索取了两盘熊掌价值 4025 元的发票，律师拿着发票来到工商局。他们研究了有关的法律条款后，便一起来到该餐馆。工商局的同志对餐馆老板说：“有人指控你出售熊掌，违反了《野生动物保护法》，必须处以 2 万元罚款！”

老板想赖是赖不掉的，有刚开出的发票为证。老板耷拉着头，他的狼狈相不亚于一周前交不起钱的两个女大学生。他低声地说：“我拿不出这么多钱。”

“拿不出钱就停止营业，吊销营业执照。”

“同志，事情是这样，我们这里根本就没什么熊掌，所谓熊掌都是用牛蹄筋冒充的。”老板供认道。

“既然你用牛蹄筋冒充熊掌，敲诈顾客，根据情节，也应罚款 2 万元，同时将顾客的钱退回，另外还应赔偿 1 千元的精神损失费！”

在以法律为武器的严厉进攻面前，老板只得乖乖地缴械投降。

在准备搜集材料时，无论哪类材料都应符合以下要求。

一是要准确。事实材料一定要真实可靠，要有根有据；引述理论材料一定要准确，不要断章取义。

二是要典型。即能说明问题，能反映问题的本质，在同类近似的材料中具有代表性，能够有力地支持辩题。要防止使用个别的、偶然的事实材料。

三是要新颖。新的总是吸引人的，材料要有最新的信息价值和时效性，这样才有吸引力。

四是要生动感人。材料应尽量具体形象，让听众感到亲切自然，容易被接受。

## 4. 对论辩材料精心加工

◇对材料分析研究，有选择的分类

加工材料的第一步，就是要对材料进行认真分析、研究，然后按照不同性质对材料进行分类，按材料的重要与否、分量的轻重进行排队，按材料的不同用途进行分类，让搜集到的材料，担负起不同的论证任务。具体的分类标准有：

（1）驳斥对方观点的材料

除了选择支持己方观点的材料，还有一些材料是专门为反驳对方论点准备的。这些材料虽然不能从正面支持己方的观点，但反驳了对方的观点，其实就等于支持了己方的观点。

（2）反击对方反驳的材料

在论辩的过程中，对手肯定不会束手就擒，坐以待毙，这是论辩中出现的正常现象。在组织材料时，就要充分估计到对方可能在某些问题上反驳己方观点，那么，在这种情况下，就需要组织对对方实施第二次、第三次打击的材料。这些材料如同预备队一样，可以保持己方始终有足够多的火力。如果只准备第一次打击的材料，却没有应对对方反击时的反驳性材料，这样肯定会在论辩中感到力不从心。所以，把反击对方反驳的材料准备好也是非常重要的。

（3）支持己方观点的材料

这是材料中数量最多的，它直接为己方立论提供充足的论据，是使己方立论坚实的基础，也是使己方立于不败之地的基础。

◇提炼材料中的精华

在搜集材料时，材料要尽可能多，但是，在具体使用材料时，材料却一定要“精”。这里的“精”就是指材料的质量高，有很强的说服力，这就需要对材料进行提炼加工。对材料的提炼加工可从两个方面进行：

（1）从表达的角度。分析不同句式的功能。据此进行语言的加工改造

有些材料太长，有些材料不适合口语表达，都需要对其进行进一步的加工。

从表达的角度加工材料，其具体加工方法有：

①口语化

论辩尤其是比较正规的论辩如辩论赛等，赛前辩手都要从书刊资料中选取大量的材料。对于这些材料，在进行上述处理的同时，还要进行口语化加工，也就是用口头词语把书面语言替换下来，并将情感色彩注入其中，做到既达意，又传情；既朗朗上口，又通俗明白。

②生动形象

有些材料还要根据语言表达的需要，运用多种修辞手段，对其进行形象化处理，或者赋予其幽默色彩等，以提高其生动性、形象性和感染力。这样的语言，其效果要比苍白、平板的语言好得多。

③同类合并

这种方法就是把几件同类事实材料，经过浓缩加工，再合并到一起，用来说明一个问题。还可以把两件或两组性质对立的事实材料，进行正反对比处理，来说明一个问题。

④裁剪截取

这种方法就是从一个较长的事例或理论论述中裁剪截取最精辟的一段，用来作例证或引证论证的论据，还可以将一段理论材料，例如一段名人名言，在某一战略思想指导下，分成两段，只用其中一段，意在设置陷阱，引诱对方说出另一段，为已方制造反击的机会。

⑤高度浓缩

这种方法就是把一件内容较完整、时间跨度较大的事例，进行压缩，取其精华，用简短的几句话高度概括出来，又不会改变原来的意思。

（2）从材料的思想性入手

分析、研究材料与论点之间的联系，选取联系紧密的材料做论据。

①从理论材料中寻找论据

在论证中，只有理论才能形成判断，进而证明命题。理论材料与命题所揭示的论点之间则是一般与个别的关系，理论材料所体现的是普遍

规律、大道理，论点概括的则是小道理。从理论材料中找论据，最重要的是要把握小道理与大道理的一致性、相关性，两者越是一致，关系越是密切，越是严丝合缝，其作用就越大。

②从事实材料中寻找论据

论辩者要善于分析事实材料中所蕴含的理性意义，从事中引出理来。事理作为命题的依据，能形成具体判断，证明辩题。如果不能理解和把握事实的理性意义，不能从事实中提炼出论据来，就难以有效、准确地证明辩题。

◇制作论据卡片

运用卡片的形式，记下材料的内容，分门别类作资料存储，必要的话，还可以编写索引目录，以供论辩时使用。当然，这种方法一般只适合比较正规的论辩。有人说，我的记忆力很强，用心记就可以了，这种观点是错误的。因为论辩要使用大量的材料，比如，重要数字、名人名言、事实典故等。这些卡片在论辩中可以直接拿来照本宣科，随时取用，还可以作为提示，根据现场情况变换角度。当然，可能会有相当一部分存储、搜集的资料到时候用不上，但也不能忽视它们的作用，这些资料的“预备队”可以对论辩者的心理产生积极的影响。

对于材料卡片，也要按照重要的程度分出不同的等级，按要求排列次序，有些秘密武器、重量级材料，则可在关键时刻派上用场，发挥其秘密武器的作用。

## 5. 严谨表述论辩内容

◇表述技巧要严谨

我们在前面介绍的许多论辩技巧，都是在一定的谋略指导下的。有的是运用严密的逻辑推理，有的是采用心理攻坚，有的是把握战机巧妙得当，有的是善用言辞取胜等。我们在运用语言表述论辩技巧时，应充分体现出这些谋略的正确与高明，表达出谋略思想的本质与规律性，这样才能使表述更准确、突出。

运用表述技巧时，要特别注意：

一要把准时机，不早不晚，使技巧的运用恰到好处；

二要瞄准对手要害，使技巧的运用不偏不倚，正中对手致命处；

三要控制好论辩情势，发挥表述技巧，语言张弛得体，疾徐适度，捭阖有序。

这样，表述谋略的运用才能严丝合缝，无懈可击；表述技巧的发挥才能淋漓尽致，天衣无缝。既可以充分表现出辩者稳操胜券的主动，又可以充分体现出论辩语言的雄辩力量。

为了达到上述两个方面的要求，在语言的具体使用上，要准确、简练、严密。准确，就是表达语意准确，分寸适当。简练，是意则期多，字则惟少。文字简洁洗练，增大语言的容量，尽量扩大其信息量。严密，就是字、词、句、段严整细密。

◇表述内容要严谨

在论辩中，不论是口头的还是书面的，辩者在运用语言表述内容时，都要注意下面几个方面：

（1）论证要合理

所谓论证合理，一是指论据与论点之间存在着必然联系，用论据必然能推导出论点；二是指推导必须合乎逻辑，顺理成章。因此表述论证的过程和方法，必须逻辑严密，推理自然，表现出论证的必然性。这样推导出的论点必然牢靠，说服力强。

（2）论据要确实

论据是建立论点的依据、基础。把论据表述得确凿无误，真实可靠，论点才能站住脚，有说服力。这里特别要注意：作为论据，不论是事实、数字，还是理论等，表述时一定要准确、恰当、真实，不能出现任何问题。只有这样，才可使论据确凿可靠，充分发挥它的论证作用。

（3）论点要清晰

这里需要说明的是，在论辩客体中，我们曾分析过确立论点的四个必备条件：科学性、创见性、针对性和鲜明性。那是指确立的论点本身所应具有的特性。这里谈的论点的清晰，则是指运用语言表述论点的具体要求。

要清晰地表述论点，就要求表述要完整、概括、准确。

①完整。在表述论点的内容时，既不能有遗漏，有片面性，也不能出现矛盾，相互抵触。如果论点包含的只有一个方面的意思，那一定要把这一方面的意思表述完全；如果有两个或两个以上方面的意思，那么就不仅要说清说全这些方面的意思，而且还要交待清楚这些方面之间的关系。表述论点，也不能出现前后意思上的转移，造成矛盾、抵触和不一致。表述完整的基础是思考要完整严密，只有如此才不会出现表述上的疏漏。

②概括。对论点的表述，要概括出其客观本质。因为越能概括出论点的本质，就越能体现出论点具有共性、代表性、规律性，这样才能使论点深刻，具有必然性，能揭示出规律，论辩因此才会有巨大的说服力。

③准确。是恰当确切地表述论点。恰当是既不扩大也不缩小，要表述得恰如其分。确切地说，是要科学准确地表述论点，表现出论点是符合客观实际的，能经受住实践的检验，确实是真理性的认识，站得住，立得牢。

## 6. 正确使用目光

心理学研究表明，在人的各种感觉器官可获得的信息总量中，眼睛要占百分之八十以上，人内心的隐秘，胸中的虚实，总是自觉不自觉地在不断变幻的眼神中流露出来，它犹如一面聚焦镜，凝聚着一个人的神韵气质。

论辩中，眼神的运用是丰富多彩的。一个成功的论辩者既要能自己运用好眼神，又要能“读”准对方眼神的含义，因此，一定要了解千姿百态的目光。

正视表示庄重，斜视表示轻蔑，仰视表示思索，俯视表示羞涩，逼视表示命令，瞪视表示敌意，不住地打量表示挑衅，低眉偷觑表示困窘，行注目礼表示尊敬，白他一眼表示反感，双目大睁表示吃惊，眨个不停表示疑问，眯成一线表示高兴。

配合着眉毛的变化，眉目传情意义更广泛。欢乐时眉开眼笑，眉飞

色舞；忧愁时双眉紧锁；愤怒时横眉怒目；顺从时低眉顺眼；戏谑时挤眉弄眼；畅快时扬眉吐气等。

目光最主要的是强调眼神的运用。一般来说，不同的眼神表现着不同的情感：目光明澈表现胸怀坦荡；目光狡黠表现心术不正；目光炯炯表现精神焕发；目光如豆表现心胸狭窄；目光执著表示志向高远；目光浮动表现轻薄浅陋；目光睿智表现聪明机敏；目光呆滞表现心事重重；目光坚毅表示自强自信；目光哀颓表示自暴自弃。坦诚者目光像一泓清泉，悠然见底；英武者目光如电掣雷奔，波澜壮阔；典雅者目光似云雾初开，林鸟相逐；俊秀者目光如玉气藏虹，珠胎含月；妩媚者目光似春花始香，夏梅初笑；豪放者目光如风云波浪，海天苍苍……

论辩中，以全神贯注的神态直视对方，适时流露出怀疑的神情，给对方一个信息——我正在仔细听，任何漏洞和矛盾都逃不过我的耳朵，你的发言已经让我抓住了把柄，我马上就要予以反驳——对方如果接受到这种信息，就有可能发慌，甚至可能开始怀疑自己什么地方说错了或说漏了。在自己发言时，我们就要显示出十足的信心和坚定的态度。

## 7. 注重表情的使用

美国著名教育家卡耐基在说到罗斯福演讲时，说他全身好像一架表现感情的机器，他满脸都是动人的感情。这样使他的演讲更有力，更勇敢，更活跃。

下面我们来看一些常见的脸部表情：

突出下颚表示攻击性行为；

缩紧下巴表示畏惧和驯服；

抚弄下颚表示掩饰不安或胸有成竹；

伤心时嘴角下撇，欢快时嘴角提升，委屈时撅起嘴巴，惊讶时张口结舌，仇恨时咬牙切齿，忍耐时咬住下唇；

下颚上抬，把鼻子挺出，是傲慢、自大、倔强的表现；

用手摸鼻子，是怀疑对方；

用手摸耳垂表示自我陶醉；

以上罗列了一些脸部表情。如果它们互相配合，综合运用，按照论辩的内容要求，根据论辩者的感情控制，可产生愤怒、害怕、高兴、妒忌、喜爱、紧张、骄傲、悲伤、满足、同情等感情色彩。

首先从感情的两个极端“愉快”与“不愉快”看看脸部的活动情况：

愉快：嘴角后拉，笑肌上提，眉毛平展，眼睛平眯，瞳孔放大。正是“眉毛胡子堆成一堆”。

不愉快：嘴角下垂，面颊下拉，眉毛紧锁，面孔显长。正是“拉得像个马脸”。

自然可更具体些：

（1）表示有兴趣、快乐、高兴、幸福、兴奋的表情

眉毛上抛，嘴角向下，鼻孔开合正常，口张开，瞳孔放开。

（2）表示蔑视、嘲笑等表情

脸部的组合方式：视角斜下，眉毛平或撮，抬起面颊。

（3）表示痛苦、哭泣等表情

组合方式是：皱眉、眯眼、皱鼻、张开嘴、嘴角下拉，配合有声传递。

（4）表示发怒、生气的表情

其组合方式是：眼睁大，眉毛倒竖，嘴角拉开，紧咬牙关。

（5）表示惊愕、恐惧的表情

组合方式是：眉毛高扬，眼睛与口张开，倒吸凉气。

下面特别强调在论辩时微笑的表达。微笑是一种良性的脸部表情，反映出一个人的内心世界，是自信的标志，礼貌的表征，涵养的外化，情感的体现。在论辩中运用可以象征性格开朗与温和，可以建立融洽气氛，消除抵触情绪，激发感情，缓解矛盾。

总之，脸部表情运用时要适时、适事、适情、适度，切忌呆滞麻木、情不由衷、晦涩不明与矫揉造作。

## 8. 正确使用手势

自然而安稳的手势，可以帮助表达者平静地说明问题；急剧而有力的手势，可以帮助表达者升华感情；稳妥而含蓄的手势，可以帮助表达者表明心迹。

（1）使用手势要遵循的原则

使用手势要遵循一定的原则。一是做一些开放式的手势，而不要做一些封闭式的手势；二是先不妨刻意模仿，以求习惯成自然。

（2）手势的使用方法

使用手势要讲究一定的方法。

手的动作是态势语的重要组成部分。有人说，手是第二个脸。手势表达的含义相当丰富，可以大致分为四种：

①指示手势

指示手势是用于指明要说的人、事物、方向等，表示同一意思的手势往往不止一个。以最简单的手势示意“我”来说，有以手轻按胸口的、有以食指指自己鼻子的、还有以拇指自指的等。

②象征性手势

象征性手势是用来表达抽象概念，运用时可配合口语，启发听众的思考，引起对方联想。如表达“我们是二十一世纪的青年，当祖国需要的时候，我们将用生命来营造未来的辉煌和繁荣”时可用双手或单手有力地伸向天空，以象征未来的美好前景。

③情意手势

情意手势主要用于表达说话者的情感。如方纪在《挥手之间》文中，突出描绘了毛主席与延安军民告别时的手势。当送行者拼命向飞机挥手时，“主席也举起手来，举起他那顶深灰色的盔式帽，举得很慢很慢，像是举一件十分沉重的东西，一点一点的，一点一点的，等到举过头顶，忽然用力一挥，便停在空中，一动不动了。”举手之间，饱含了惜别痛离而又忧国忧民的深厚感情。

④象形手势

象形手势是用来描摹，比划具体事物或人的形貌。聋哑人交谈时多用形象手势比划，将表达的内容形象化，使对方通过视觉接收信息，在头脑中将其复合，形成原有事物的形象，达到交流的目的。

论辩中，根据手的动作范围，一般将手势大体分为三个区域：上区为肩部以上，多表示积极、振奋、肯定、张扬等意义；中区为肩部至腰部，表示坦诚、平静、和气等叙述，说明中性意义；下区为腰部以下，多表示憎恶、鄙视、压抑、否定等贬义，手势的方向如向上或向下，向前或向后，向内或向外以及手势的定型、不定型等，也可以表示不同的含义，应注意根据民族共同理解的意义来选用，并适当体现个性特点。

手势语十分丰富，没有一个固定的模式，作为一个出色的论辩者平时要认真观察生活，刻苦训练，积极付诸于论辩实践。

（3）手的合适位置

如果可能的话，那就忘记它们，让它们自然垂直在身体的两边。万一你觉得累赘，那也可以把它们插在衣袋里，或者放在背后。总之，你不要注意手是否妨碍你的动作，不必顾虑什么听众会留意到你手的位置。在需要应用它们的时候，可以立刻举起来，或放下去。不过你不要故意把手交叉在胸前，更不可勉强扶在讲桌上，这样就会使你的身体不能自由行动。而用两手故意去玩弄自己的衣服，那只会显得愚拙。

## 9. 重视身体姿势

（1）站姿

站姿是演讲的基本身姿之一，一般分为两种形式：自然式，两脚基本平行，相距与肩同宽；前进式，两脚一前一后，相距适中。无论哪种站姿都应肩平、腰直、身正、立稳；身体重心均衡分布在两脚之间，或根据表达需要落在前脚，上身可略微前倾，给人以亲切、进取、伟岸的形象。不要上身后仰、重心落在后脚，不要左右摇晃，不要两腿打颤或流动抖动，以免给人轻率、傲慢或慌张的感觉。

（2）坐姿

坐姿是听、说双方的基本身姿。任何一种坐姿都毫不掩饰地反映了

人的心理状态。如抬头、仰身、靠在座位上，反映了倨傲不恭的心理；上身略为前倾，头部侧向说话者，是洗耳恭听的态势；上身后仰并把脚放在面前的茶几或桌子上，是放纵失礼的表现；欠身或侧身坐在椅子的一角是谦恭或拘谨的反映；跷起二郎腿不时晃动的坐姿，表现了听话人心不在焉；听话人变换坐姿流露了疲倦、不耐烦或想发表意见的心态。

论辩时，尤其是一些正规场合的论辩，为了充分展示风格，传达情感，最好运用站姿进行。运用站姿有很多好处，首先，朝气蓬勃，精神焕发，表现出对论辩的极大热情；其次，可以保证共鸣腔的畅通，有利于发声；再次，有利于动作姿态的表达，服饰打扮的展现。

（3）行姿

行姿是论辩的前奏，给听众以第一印象。正确的行走要领是，起步时，左脚先向正前方迈出约 75 厘米处着地，身体前移，右脚照此法行进；上体正直，微向前倾；手指轻轻握拢，拇指贴于食指第二节；两臂前后自然摆动，向前摆时，肘部弯曲，小臂自然向里合，手心向内稍向下，拇指根部对正衣扣线，并与最下方衣扣同高，离身体约 25 厘米；向后摆时，手臂应伸直，手腕前侧距裤缝线约 30 厘米，行走速度以每分钟 116 步到 120 步为宜。行走时，头要正，颈要直，挺胸收腹，两眼向前平视，不要东张西望、摇头晃脑、弯腰弓背；脚尖要对正前方，不要迈“八”字步；要举止端庄，不要勾肩搭背，也不要背手、插手、袖手；要有鲜明的节奏感，不要拖泥带水。男性走路以大步为佳，女性走路以步碎为美。

（4）谈话时的身体姿势

我们谈话多半选择坐姿。坐，有很多种不同的方式，有的人喜欢坐在人群中间，有的喜欢坐在会场的角落，有的喜欢坐在听众的外围。当然，座位最好对着听众，身体要自然端正，切不可斜靠着椅子，或者盘腿，或者把手臂搁在椅背上，以至使听众觉得受到了你的轻视，最终把你轻视了。

（5）论辩时的身体姿势

论辩多半选择站姿。脚是人体的底盘，应当站直站稳。合适的站姿有两种：一是“平分式”，就是两脚与肩同宽，重心平分在两只脚上，

脚尖朝前；二是“稍息式”，即一脚稍前，一脚稍后，重心主要压在后脚上，这样两脚可以调换休息，减轻疲劳。需要注意的是，不能抓耳挠腮，不能维持单一的姿势。

（6）不同姿态的含义

①小幅度摇腿或脚表示紧张；

②讲到兴奋处，有些人喜欢将一只脚放到另一只脚上；

③脚尖的指向度与表达者对辩友的情感有关，如果过于偏则给人一种“不太热情”之感；

④频频把手插入衣袋里给人一种紧张的表现，尤其是拇指向外更不雅观，将两手大拇指呈倒八字形插放侧面有一种威严感；

⑤挺直腰部反映出情绪高昂、充满自信；如果过头，给人一种骄狂之态；

⑥后坐者给人一种老成之感；

⑦凸出腹部表示自信满足，刻意体现有趾高气扬之感；

⑧解开上衣如果不是气候原因，表示自己镇定自若；

⑨轻拍自己腹部，表示自己有风度、雅量；

⑩耸肩或示威吓唬对方，配合摇头或双手动作表示不明白、没办法之意；

另外还要注意：

抬头表示遐想、傲慢等，点头表示同意、欣喜、致意、肯定、承认、感谢、应允、满意、认可、理解、顺从；摇头表示否定；侧着头表示疑问；歪着头行礼表示天真；抱着头表示不同意；垂着头走路表示心事重重，步频较快、轻松表示“春风得意”。

论辩时，尤其是一些正规场合的论辩，为了充分展示风格，传达情感，最好运用站姿进行。

标准的站姿规范如下：

①挺胸、收腹、精神饱满，气下沉；

②两肩放松，重心主要支撑于脚掌脚跟上；

③脊椎、后背挺直，胸略向前上方挺起；

④腿应绷直，稳定重心位置。

## 10. 着装、打扮要得体

（1）服装配色的方法

就论辩者来说，怎样才能产生美的最佳效果呢？这里介绍几种配色的方法：

同类色相配。如深红配浅红，青色配天蓝，咖啡色配橙黄，深绿色配浅绿色等，这样搭配，显得柔和、协调和文雅。

近色相配。如红色与橙红相配，黄色与草绿色相配，白色与米黄色相配等，这样搭配，显得柔和素雅。

强烈色相配。如白色配黑色，红包配青绿色，黄色配紫色等，这样搭配，显得艳丽而鲜明。

当然在配色时要充分考虑自己的年龄，肤色、气质、性格、职业特点和所处的环境等，才能获得满意的效果。

（2）得体的打扮

轻装上阵。取下手表手镯之类物品。

论辩时尽量减少饰物佩戴，在一些热烈而庄重的场合，佩戴饰物要少而精，项链、戒指、胸花、耳环之类，颜色、款式不要扎眼。

脸面化妆要表现出一种平常自然之美。

脸要干净，头发梳理整齐，胡子修干净。要保持牙齿洁白，齿缝不留异物。男士头发不宜太长，女士发型要简洁、流畅、自然。在一些场地稍宽阔的地方论辩，面对强光的照射，可略施淡妆，但不能过于戏剧化。

按自己的体型选择服装款式与颜色。

款式方面要大方、得体、协调。矮胖型的选手，着装原则是低领、宽松、深色、轻软。矮小瘦削型的辩手，不能穿太宽大和大格子的上衣，可选穿浅灰色、浅黄、褐色等有扩张感颜色的衣服。高长瘦削型辩手，适宜穿带有衬肩的大披领宽松上衣，这种类型的男士穿夹克很合适。穿西装一定要选择优质的，粗劣西装会损害你的形象。

深色西装要配白衬衣，黑皮鞋与黑袜子。男士可选穿单件西装上

衣、下面可灵活搭配。

穿西装还要注意领带的搭配，真丝与人造丝领带适合配庄重的西装，带碎花西装配各种领带都合适。

颜色搭配方面，不宜单色调打扮，而是要在某一基色调的基础上追求变化。配色也不要杂，一般不超过三个颜色，另外不要用同比例配色。论辩如果在夜间进行，衣物配色要考虑到场地的灯光颜色，选择衣物最好在灯光下进行。

## 11. 用事实证明道理

（1）选择当场的事实

实践是检验某个观点是否正确的唯一标准。将对方虚假的观点用实践当场检验一下，其虚假性立即暴露无遗。

古时有个名士叫郁离子，他的一个朋友“寄情山水”的一点论调，曾经被一点风浪驳斥得体无完肤。

这一天，郁离子与朋友一起在彭蠡泽中划船游玩，红日高照，绿波荡漾，游鱼戏水，气象开阔。船儿随意划行。朋友高兴地说：“划船乐趣无穷，我如果能够依托这山光水色度此一生，也就心满意足了。”郁离子无言。不久，乌云堆积，大风陡起，白浪滔天。朋友在颠簸的小船上魂飞魄散，有气无力地说：“咱们快离开这里吧！我一辈子不敢再来啦！”

王阳明是我国明代著名的“心学”思想家。他主张心外无物，受到很多人的崇拜，也受到一些人的质疑。有意思的是，他还被自己的主张绊倒过一次。

那一天，王阳明和朋友登山观赏风景，一路上滔滔不绝地谈论他的哲学思想。他说：“凡是人们心中没有想到的东西都是不存在的，就说这些大树吧，它们之所以存在，就是因为我们看到了它们，心中想到了它们，否则就不存在了！”他正谈得兴致勃勃的时候，不料被一块石头绊了一脚，帽子滚到山下去了，于是扫兴地说：“没想到被石头绊了一脚。”他的朋友便问他：“你没想到的东西怎么会存在呢？可见还是心

外有物呀。”王阳明无言以对。

王阳明开头说心外无物，后来又说心外有物，因为他被“没想到的石头”绊了一脚，将他前后的话放在一起，形成尖锐的矛盾冲突，他也就无话可说了。这也就是说，用对方的话来反驳对方，就是让对方自己打自己嘴巴。

有个人性子急，碰上芝麻绿豆大的小事发一通脾气，有时还要动手打人。这天，几个人在一起闲聊，他的一个朋友议论他说：“这个人别的都好，就是爱发火，做事冒失……”这时，他正好从窗外经过，一听，立即脸红脖子粗地闯进屋来，不容分说，劈头盖脸就打。旁边的人急忙拉开他，说：“你为什么平白无故地打人?”这个人喘着粗气，大呼小叫地嚷嚷：“我啥时候喜欢发火？啥时候做事冒失？他这样说我，我怎能不打他!”大家说：“你现在大动肝火，二话不说就动手打人，不刚好证明你有这两个毛病吗?”

论辩中，与其在语言里纠缠，不如在实践里较真。

（2）摆出事实，直言反驳

除了诡辩，论辩中的所有辩解，说到底都是在摆事实。除了诡辩，种种论辩术，说到底都是摆事实之术。甚至连诡辩者也是讲究摆事实的，不过他们惯于把非事实打扮成事实的样子罢了。

确凿的事实在手，反驳对方谬论就不需要绕弯子。

周恩来同志在外交中一向以机敏、严谨、原则性强著称，下面他对英国记者谬论的批驳，为我们树立了以事实进行驳论的典范。

20世纪50年代有一位英国记者曾向周恩来总理提出：“一个国家向外扩张是由于人口过多。”

周恩来总理当即回答：“我不同意这种看法，英国人口在第一次世界大战前是4500万，不算太多，但是，英国在一个很长的时期内曾经是‘日不落’的殖民帝国。美国的面积略小于中国，而美国的人口还不及中国的三分之一，但是美国的军事基地遍于全球，美国的海外驻军150万。中国人口虽多，但是没有一兵一卒驻在外国的领土上，更没有在外国建立军事基地。可见一个国家是否向外扩张，并不决定于它的人口多少，而决定于它的社会制度。”

周恩来总理的反驳，列举了多方面的事例，有很强的说服力。

英国记者的说法显然是在别有用心地攻击中国。周总理首先旗帜鲜明地否定了他的观点，然后列举事例加以反驳。他以英国、美国为例，指出这两国人口都不多，但一个在历史上长期侵略别国，而另一个正野心勃勃妄图称霸世界。紧接着又拿中国与美国进行对比。事实确凿，对比鲜明，从而雄辩有力地驳斥了英国记者的观点，也顺势表明了自己的观点。

要达到驳倒对方论点的目的，最有效的办法是针锋相对地列举大量确凿无疑的事实。在铁的事实面前，信口雌黄者的结局只有失败。

（3）举事证理要直中要害

举事反驳所以能驳倒一个以偏概全的虚假的全称命题，是因为关于某类事物的全称命题与关于该类事物存在反例情况的命题之间是矛盾关系。所以，只要指出其反例存在，就可将对方驳倒。可见，这种方法是一种很轻巧的方法。

在论辩中，当对手以偏概全、轻率概括，做出了某种虚假的全称命题时，只要举出与之相反的具体事例，就可轻易将对方驳倒。

## 12. 引用名言说道理

我们来看’99 国际大专论辩会决赛中关于“美是客观存在还是主观感受”论辩中，正方马来西亚大学队与反方西安交通大学队一场“引经据典”的对抗战。

反方西安交通大学队的一段总结陈词：

下面我总结我方观点。

第一，客观存在的事物只有融入了人的主观想象与情感才会显得美，从山川河流到花鸟鱼虫，从春夏秋冬到风云雨雪，我们看到，客观事物是不以人的主观意识为转移的，正所谓“天行有常，不为尧存，不为桀亡”，而有了人的主观想象，才有了“山舞银蛇，原驰蜡象，欲与天公试比高”。

第二，我们认为，审美的标准和结果，不因为人们的客观生活经历

和他的文化背景而不同。我们都知道很多人喜欢维纳斯的雕像，维纳斯的雕像风靡西方世界，可我们中国的老婆婆却一定要给她缝上坎肩才能心安理得。楚王好细腰，唐皇爱丰满，那么在情人眼中，对方无论如何都如西施一般沉鱼落雁。美其实是源于人们的主观想象和内心情感，是人们借助客观事物来表达人情冷暖。

第三，我们强调美是人的主观感受，因为它反映的是人们追求自由的价值信念，人的肉体受制于客观，从而人的精神就追求无限的驰骋空间。我们爱生活，因为生活的故事上下五千年，叫人浮想联翩；我们爱自然，因为“万类霜天竞自由”，那是生命的礼赞！

综上所述，我方认为美丑无对错，审美无争辩，因此我们才强调美是自由的象征，我们来自五大洲的辩友，才能胸怀宽广地唱一首：一心情似海，感动天地间。谢谢！（掌声）

再看正方马来西亚大学队的一段总结陈词：

事实上美是一种规律，是一种脱离于人的主观意识而客观存在的。

第一，美具有形象性。黑格尔说：美存在于形象中。不管是自然界中的江南可采莲的美，还是社会舍身救人的美，还是艺术中“问君能有几多愁，恰似一江春水向东流”的美，这种种的具体形态，就是美的形象性所在。

第二，美具有感染性。它的感染力量，或许让我们黯然神伤，在“十年生死两茫茫”之中无限唏嘘；或许是让我们肃然起敬，在“留取丹心照汗青”之中景仰万分，而正是这种力量让客观存在的美持续徘徊在人们脑海之中。

第三，美具有功利性。人的本质力量推动人类追求美好事物，而美可以让人感到愉悦。“阳春白雪”是美，“下里巴人”也是美，它们都是美，因为它们满足了不同人的需要。而这三种规律存在于人的主观感受之外，不受人的主观感受控制，同时规律本身的存在，也正是论证了美是客观存在的。实际上，因修养、经历、历史条件、社会条件的不同，所以各人的审美能力有所不同，所以美有相对的美，然而对方不能因此把审美与美混为一谈啊！认为美是主观感受，这就完全否定了美的客观存在性，颠倒了美与美感之间的关系。罗丹就曾告诉过我们：美是

到处都有的，而我们的眼睛不是缺少美，而是缺少发现。谢谢！（掌声）

双方在总结陈词中都以“引经据典”为武器，来批驳对方观点，维护证明本方观点。反方在总结本方观点时，列出了三个分论点，每个分论点都是引经据典加以证明。其中引用了黑格尔的话和毛泽东的诗词，还引用了“楚王好细腰”、“唐皇爱丰满”和“沉鱼落雁”的典故，雄辩地证明了本方“美是主观感受”的命题。

无独有偶，正方在总结陈词中也分列了三个分论点，每个分论点也都引经据典加以证明。分别引用了黑格尔、罗丹的话和文天祥等人的诗，同样有力地证明了本方“美是客观存在”的命题。

引用名言有下面几种形式：

（1）归纳征引

也就是广征博引，然后归纳成理。因为这种方法可以扩大和加深议论的范围和程度，使阐述的道理更加令人信服。

（2）演绎征引

演绎征引就是把征引的内容，作为演绎推理的前提。演绎推理是一种前提与结论存在必然联系的推理方式，只要前提真实可靠，结论也必然真实可靠。所以征引权威性的言论，作为前提去推理，结论也就必然令人信服。

（3）诠释性征引

诠释性征引也就是用引文来作解释。比如北京走向2000年电视论辩竞赛，在关于“物价上涨的总趋势是可以抑制的”论辩中，反方北京大学队的一位辩者在发言中说道：

……那么，让我们看看，何为抑制呢？翻开辞海、辞源、现代汉语词典，抑制就是约束、扼制，抑制就是压下去。……翻开《史记·评准书》，司马迁对抑制就做过经济学上的解释。他是这样写的：“抑天下物为评准”，这里的抑就是抑制，天下物就是商品，而评准，它的经济学意义就是价格不动。可见这里的抑制就是指保持物价总水平不变的意思。

这一段发言引用各种词典和《史记·评准书》来解释“抑制”，这

种征引诠释进行说理的作用是很明显的，这里征引的对象，都具有一定的权威性，比起一般的释文说理就更有说服力。

## 13. 从对方论据入手

（1）从论据批驳的意义

某城住着兄弟三个——三个年轻的商人。有一次，他们哥仨在远行之前，把钱交给了一个诚实的农民保管，并且说定："只有他们兄弟三个一起来取钱时，才能把钱交还。"但是，老三过了不久就回到农民这儿把钱骗走了。

老大和老二回家知道后，要农民赔钱。

诚实的农民被逼得聪明了起来——在法庭论辩上，只听这个农民说："我们之间有这么一个约定：只有他们兄弟三人一起来的时候，才能把钱交还。这样吧，让他们兄弟三人一起来，他们马上就可以把钱取回去。"

法官于是要老大、老二去找老三，而老三早已无影无踪。

论辩中，借助论敌提供的话进行反击，以子之矛，攻子之盾，可以取得更有力的反驳和揭露效果。

一个小孩去面包店买了两个便士的面包，发现面包比平时小了许多，就对老板说："你不觉得这个面包比平时小吗?"

老板连忙诡辩："哦。不要紧，这样你拿起来就方便多了。"

小孩没有争辩，只给了一个便士就离开了面包店。

老板赶紧追出门来，大声喝道："嗨！你没给足钱！"

没想到这个小孩竟然也是一副大人腔，把老板噎得说不出话来——那个小孩说："哦，不要紧，这样，你数起来不也方便多了吗?"

还有这样一个小故事，也能很好地说明从对方论据出发批驳对方的重要意义。

一位中国女律师在美国洛杉矶作题为《中国投资环境及其法律咨询保护》的演讲时，一位美国记者别有用心，以挑衅的口吻发问："据我所知，你们中国根本无法律可言，你从哪儿变出这么多投资保护法？我

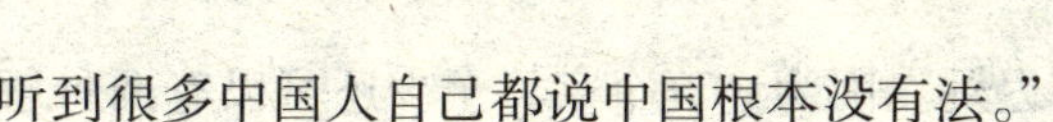



听到很多中国人自己都说中国根本没有法。”

在顿时凝重的气氛中，中国女律师微笑着反问道：“先生，您知道美国法院的书架上有多少判例吗?”

对方摇头说：“不知道，我不是法官，也不是律师。”

中国女律师接着说：“那您一定知道在这些判例之外，美国已经制定了许多成文法了?”

见对方点点头，中国女律师说：“这正是您提出问题的答案。作为判例法体系的美国，随着社会发展需要还在不断制定成文法。外国人过去没有去中国投资，当然不需要投资法。从中国对外招商引资之时，我国与之相适应的各种投资法就不断被制定出来……用我们中国人的话说，叫作‘应运而生’。”这时，场内响起一阵掌声，美国记者十分尴尬。

化解论敌的责难，回击做到有理、有利、有节，最重要的就是一个立场问题。

对方强词夺理，我们就可以不怕有些牵强附会——只要在气势上占了上风，也不可不谓漂亮的回击。

（2）批驳论据的方法

批驳论据的方法有很多种，最基本的有两种：

指出对立方论据的虚假。

其论据倘若是事例，则可以指出其事实是捏造的；其论据倘若是理论，则可以指出其引证的理论是不正确的。这样其论点自然不攻自破。关于此种方法，前文已经涉及，故不再举例分析。

指出对立方论据存在问题，不足以支持其论点。

20 世纪 30 年代，有个叫汪懋祖的人著文反对白话文，提倡对中小学生进行古文运动。鲁迅先生曾著文反驳：

“此生或彼生”，现在写出这样五个字来，问问读者：是什么意思?

倘使在《申报》上，见过汪懋祖先生的文章“……例如说‘这一个学生或是那一个学生’，文言文只须‘此生或彼生’即已明了，其省力为何如? ……”的，那就也许能够想到，这就是“这一个学生或是那一个学生”的意思。

否则，那回答恐怕就要迟疑。因为这五个字，至少还可以有两种解释：一是这一个秀才或是那一个秀才（生员）；二是这一世或是未来的别一世。

文言比起白话来，有时的确字数少，然而意义也比较含糊。我们看文言文，往往不但不能增益我们的知识，并且须仗我们已有的知识，给它注解，补足。待到翻成精密的白话文后，这才算是懂得了。如果一径就用白话，即使多写了几个字，但对于读者，“其省力为何如”？

## 14. 揭示论点论据的关系

（1）论据不足

战国时宋玉写了一篇《登徒子好色赋》：

大夫登徒子，侍于楚王，短宋玉曰：“玉为人，体貌闲丽，口多微辞，又性好色。愿王勿与出入后宫。”王以登徒子之言问宋玉。玉曰：“体貌闲丽，所受于天也；口多微辞，所学于师也；至于好色，臣无有也。”王曰：“子不好色，亦有说乎？有说则止，无说则退。”玉曰：“天下之佳人，莫若楚国，楚国之丽者，莫若臣里，臣里之美者，莫若臣东家之子。东家之子，增之一分则太长，减之一分则太短；着粉则太白，施朱则太赤；眉如翠羽，肌如白雪；腰如束素，齿如含贝；嫣然一笑，惑阳城，迷下蔡，然此女登墙窥臣三年，至今未许也。登徒子则不然，其妻蓬头挛耳，齞唇历齿，旁行踽偻，又疥且痔。登徒子悦之，使有五子。王孰察之，谁为好色者矣？”

宋玉为说明自己不“好色”，就着意描绘东邻的美女，并说她“登墙窥臣三年”，“至今未许也”。说登徒子“好色”，则举其妻无比丑陋，而登徒子却使她生了五个孩子。这些论据都不充足。未许窥他三年的美女，并不能充分说明宋玉的不“好色”；与丑妻相悦，生有五子，更不能必然说明登徒子的“好色”。这种论据不足的推理，是不能说服人的。

辩者在论证论点时所提出的论据是必要的，但并不是充分的，它只能部分地证明论点。如果要想充分完全地证明论点，还必须有别的论据

才成，这便是论据不足了。

（2）论据与论点无关

苏格兰人佛·斯图恩为安装假牙付了伪钞，在法庭辩护时，佛·斯图恩辩解道："可是牙科医生给我安装的牙也不是真的呀！"

安装假牙与付伪钞是不能简单类比的，由安装的牙不是真的并不能推导出可以付伪钞的结论，论点和论据毫无关系。

用与论点毫无关系的论据去推理，叫无关推理。如果能指出对方使用的是无关推理，那么他的论点也就无"理"了。

（3）以人为据

在使用论据去论证论点时，这论据并不符合客观实际的事实，也不是符合真理的理论，却是对某某名人、大官等权威的迷信和盲从，这就是以人为据。以人为据，是无法推论出正确的论点的，当然也就不可能具有说服力了。

意大利物理学家、天文学家伽利略在《关于托勒密和哥白尼两大世界体系的对话》中曾说过这样一件事：一位解剖学家让一位经院哲学家参观了人体解剖，让他看到了人的神经确实是在大脑会合。然后解剖学家对经院哲学家说道："这回你该相信是人的大脑支配神经了吧。"而经院哲学家却说："假若亚里士多德的著作中不是说人的神经是从心脏里产生出来的，那我一定就承认这是真理了。"

这位经院哲学家竟然不顾目睹的事实，仍然迷信亚里士多德的错误说法，这是十足的以人为据了。其实，以人为据就是无关推论或证据不足在迷信和盲从权威方面的一种表现而已。

在论辩中，倘若能分析出论敌的论证中有上述三种情况之一，就可以驳斥他的论证是"推不出"论点的，那么他的论点也就不攻自破了。

## 15. 攻击对方的矛盾

（1）矛盾的一般表现形式

在论辩中，要善于在对方的言辞中，捕捉逻辑矛盾予以反击，让对方陷入自相矛盾的境地。一般地说，对方的逻辑矛盾主要表现在下列三

个方面。

①互相矛盾的判断。

古希腊智者派的代表人物克拉底鲁和普罗泰戈拉常常搞一些诡辩，亚里士多德在驳斥他们的诡辩时，也就常常运用“矛盾术”来揭露他们的那些互相矛盾的判断。

普罗泰戈拉则认为：“我们对于任何事物所做的肯定或否定都是真的。”亚里士多德反驳说：“普罗泰戈拉的命题实际上等于说‘一切命题都是真的’，这个命题恰好与克拉底鲁的命题相反。这两个相对的判断在逻辑上可以同假，而事实上也确实是假的。如果普罗泰戈拉主张一切命题都是真的，这样，普罗泰戈拉的话便是假的了，因为他的反对者的观点是：‘普罗泰戈拉的命题是假的’。如果普罗泰戈拉对自己提出的命题作了保留，说：‘一切命题都是真的，只有我们的反对者的命题是假的’，这样，结果就不是一切命题都是真的，而是有些命题是真的，另一些命题是假的。”

亚里士多德的反驳之所以有力，就在于他发现对方诡辩中包含着自相矛盾，然后用对方的一个判断去否定另一个判断，从而推翻诡辩者的命题。

对方言辞中同时肯定两个互相矛盾（或相互对立）的判断，那必然违反了矛盾律的要求。抓住这一点进行反击，则能驳倒对方。

②概念中的矛盾。

自相矛盾的概念，在一些复杂词语中经常出现。恩格斯在批判杜林时曾提出：

“可以计算的无限序列的观念，换句话说，杜林的囊括世界的定数律，是一个形容语的矛盾，它本身就包含着矛盾，而且是荒唐的矛盾。”

恩格斯指出了杜林的自相矛盾：如果是无限的，那它就是不可以计算的；如果是可以计算的，那它就不是无限的。杜林把“无限序列”和“可以计算”硬凑在一起，只能创造出如同“圆形的方”、“木制的铁”一类荒唐的自相矛盾的概念。在论辩中，抓住对方言辞中自相矛盾的概念，就有懈可击。

概念是思维的细胞。假如概念自相矛盾，那么整个思维过程就必然

有错乱之处。

据说军阀韩复榘不学无术，却到处做报告，讲话常常是逻辑混乱，矛盾百出，被人传为笑谈。相传，有一次他到一个学校发表演说，开头几句是："今天是我讲话的天气，人来的很茂盛，大概来了三分之五，没有到的请举手！"前两句话语无伦次，后两句自相矛盾。既然没有来怎么能举手呢？

一般来说，这样明显的自相矛盾不易发生，但不自觉陷入自相矛盾的情况却是常见的。例如，有人为了强调我国的万里长城是世界上独一无二的，说"我国有世界上没有的万里长城"。显然，这句话是自相矛盾的。既然"世界上没有"，"我国有"就不合逻辑。

③思想中的矛盾。

美国大律师赫梅尔，曾在一件赔偿案中代表某保险公司出庭辩护。原告声称，他的肩膀被摔下来的升降机轴打伤，至今，右臂仍抬不起来。

"请给陪审员们看看，你的右臂现在能举多高？"赫梅尔说道。原告慢慢地将手臂举到齐耳的高度，并表现出非常吃力的样子，以示不能再举得更高了。

"那么，你在受伤前能举多高呢？"

赫梅尔话音刚落，原告不由自主地一下将手臂举过了头顶，引得全庭哄堂大笑。笑声宣告了原告的失败及辩护的成功。

在这一回合的法庭论辩中，原告的失败就在于他那以歪曲事实为基础的逻辑矛盾。而律师辩护之所以成功，就是因为他运用矛盾律机智而巧妙地揭露了原告的逻辑矛盾。

这里，原告在同一思维过程中，承认了"我的手臂现在不能举过头顶"和"我的手臂现在能举过头顶"这两个相互矛盾的判断同时都是真的，因而违反了矛盾律的要求，犯了自相矛盾的逻辑错误。

我们在运用"矛盾术"时，有一点是应该注意的：即矛盾律虽然有其客观基础，但毕竟是思维规律而不是事物规律；它指出思维中存在着的辩证矛盾，但并不否认客观现实中存在着的辩证矛盾。

说辩中的思想和观点表里不一、前后不一，就会产生自相矛盾的混

乱思想。抓住其混乱的思想，揭露其自相矛盾，就能驳倒诡辩者。

苏格拉底和柏拉图，都是古希腊著名的辩者。一天，他们两个人就某个当时人们普遍关心的问题进行公开论辩，各自据理力争，寸步不让。由于观点分歧太大，柏拉图气极了，高声对听众说："苏格拉底的话全部都是假的，你们一句也不要信。"

苏格拉底则笑着说："对，请相信柏拉图，他刚才所说的这一句是真话。"

一位聪明的听众立即反问柏拉图："请问先生，苏格拉底刚才这句话是真话呢，还是假话？如果是真话，那您说的就是假话；如果是假话，那么'柏拉图讲的是真话'这句假话就不能令人相信？我们到底相信谁的呢？"

柏拉图一时语塞。苏格拉底在这里就是运用了"矛盾术"，造成了柏拉图说话中的自相矛盾，而使柏拉图陷入自相矛盾之中。

在论辩中，除了要善于即时捕捉对方的逻辑矛盾外，还要运用智慧和谋略，精心设计问话的方法，为对方设下自相矛盾的陷阱，使其不能自拔。

（2）攻击对方矛盾的多种方法

①攻其言行矛盾。

就是对对方言行不一的地方进行攻击，取得有利于自己的结果。这是比较常用的一种进攻方法。

②攻其前后矛盾。

《韩非子》一书中，有这样一则寓言：

楚人有鬻盾与矛者，誉之曰："吾盾之坚，物莫能陷也。"俄而，又誉其矛曰："吾矛之利，于物无不陷也。"或曰："以子之矛，陷子之盾，何如？"其人弗能应也。夫不可陷之盾与无不陷之矛，不可同世而立。

因为"物莫能陷"的盾与"物无不陷"的矛，是不能同时存在的，这是前后相抵触矛盾的。所以当人问：用你的矛去攻你的盾，该如何呢？那人就"弗能应"了。这个故事也就是矛盾一词的来源。

③攻其自我否定。

一些辩者能够机智地发现并揭示出对立方的观点中就包含着与自身相反的命题，也即其观点是自我否定的。这样对立方的观点也就自然被击破了。

通过上述例证的分析不难看出，攻其矛盾的方法，不失为驳论中的一种有力的武器。

## 16. 使用引申归谬法

（1）引申归谬法的意义

归谬法在论辩中如果运用得好，一般能发挥一锤定音的功效。运用时关键在于大脑反应快，能迅速明确对方话中的原理，并由此推出一个符合这个原理的荒谬的事例。

归谬反驳关键是要选择好进攻点，寻找出对方论题中最荒谬的论点作为突破口，把对方荒谬的论点展开推理，使其结果更为荒谬。

一天，秦始皇召集群臣，讨论一项宏伟的计划：建一个大苑，东起函谷关，西至雍陈仓，以供他打猎游玩。群臣面面相觑，谁有意见，但也不敢有拂君意。这时，优旃却站了起来，奏曰："皇上的主意实在高明至极，建一大苑，不仅可以娱乐，而且可以御敌。"

秦始皇倒没有想到御敌这一层，就问他说："你说说看怎样御敌。"优旃说："园中多放禽兽，等敌寇侵犯时，让麋鹿用角撞他们，看他们怎样进来。"秦始皇听了这话，放弃了建苑的计划。

秦二世继位后，又让群臣讨论他的宏伟计划：把全城都用漆漆一遍。优旃又把对付秦始皇的办法献给了秦二世。他上奏道："皇上的主意实在高明，请付诸实施。漆城虽要百姓拿钱，会有一些怨言，但这是一个好主意呀！等我们把城漆得油光光的，敌寇来了，想上也上不来，即使放他们进来，等看到城里也涂了漆，他们怕被漆沾住，也一定会因为找不到地方住而不得不走。"秦二世听了大笑起来，也终止了自己的漆城工程。

洞悉论敌错误命题中隐蔽的荒谬点，并扩大其范围，加深其程度，进行推广，让病态的种子长出畸形的苗，使其荒唐之处暴露无遗。在这

辩术的运用中，要选择好进攻点，找出对方论题中最荒谬的论点作为突破口，然后从高点强攻，把对方荒谬的论点展开推理，使其结果更为荒谬。

（2）引申的方法

引申归谬也有不同的方法：

①引申出一个明显的不可能出现的事实。

加拿大前外交官切斯特·郎宁，他的父母是美籍传教士。郎宁出生在襄阳，吃的是中国奶妈的乳汁。后来郎宁竞选省议员时，以莱特为首的反对派为阻止他当选，进行了一场论辩：

在论辩的时候，莱特说："你怎么能竞选省议员？你曾经喝过中国奶妈的奶，身上一定有中国人的血统。"

郎宁冷笑道："按照你的逻辑，喝什么奶就形成什么血统。请问先生，你不是天天喝加拿大的牛奶吗？那么，在你的身上一定有加拿大的牛的血统喽？你小时候还喝过加拿大人的奶，那么，在你的身上，且不是既有加拿大人的血统，又有加拿大牛的血统？如此说来，你岂不成了'人牛血统的混血儿'了吗？"

喝中国奶妈的奶，身上就有中国人的血统；莱特是喝牛奶长大的，那么身上就一定有牛的血统了。郎宁按莱特的逻辑引申出了异常荒谬的结论，令莱特无法辩驳，只能以惨败而告终。郎宁的反驳可谓痛快淋漓、所向披靡。

②进行否定性的引申，即引申出否定原论点的结论。

《世说新语》载：梁国杨氏子九岁，甚聪慧。孔君子诣其父，父不在，乃呼儿出。为设果，果有杨梅，孔指以示儿曰："此乃君家果。"儿应声答曰："未闻孔雀是夫子家禽。"

如果杨梅是杨家的果，那么就可由此引申出孔雀是孔家的禽；但是"未闻孔雀是夫子家禽"，自然也就否定了"此乃君家果了"。

③引申出人尽皆知的事实。

这事实一经使用对立方的观点来解释，便暴露出明显的荒谬。

《樗斋雅谑》载：一友有母丧，偶食红米饭，一腐儒以为非居丧者所宜。诘其故，谓："红，喜色也"。友曰："然则食白米饭者，皆有

丧耶?”

母丧，不宜吃红米，因为红是喜色；那么引申开来，白是丧色，吃白米的皆有丧事了。所引申出的结果用原论点一解释，显然荒谬之极，那么原论点自然也就站不住脚了。

④行为归谬。

即将引申出的荒谬结论，不仅停留在语言的表达上，而且见诸行动。使用行为归谬法，不仅要证明对立方论点的荒谬，而且在行动上对持有荒谬论点者进行惩罚。

行为归谬，是一种很特殊的归谬技巧，虽然驳论有力，但毕竟只能在具备许多其他条件的特殊情况下方可使用。

前苏联著名诗人马雅可夫斯基曾有这样一次经历：

1917 年 10 月的一天上午，马雅可夫斯基在彼得堡的涅夫斯基大街上散步，遇到一个头戴小黄帽的女人，正面对一群市民造谣诬蔑布尔什维克，她说：“布尔什维克是土匪、是强盗，他们整天杀人放火，抢女人……”马雅可夫斯基听了怒不可遏，当即对众人喊道：“抓住她，她昨天把我的钱袋偷跑了!”

“你说到哪儿去啦!”那女人被弄得惊慌失措，赶忙说：“你搞错了吧!”

“没错，”马雅可夫斯基一本正经地说，“就是这个戴绣花黄帽子的女人昨天偷了我 15 个卢布。”

听了这话，众人纷纷讥笑和痛骂那个女人。待众人走完以后，那女人哭哭啼啼地对马雅可夫斯基说道：“我的上帝，你瞧瞧我吧！我可真是头一次看见你呀!”

“可不是吗？太太，你才头一回看见一个布尔什维克，怎么就大谈起布尔什维克来了……我劝你回家后，可别拿你的女厨子出气。”

在这个故事中，马雅可夫斯基就是运用了行为归谬法。那女人没有见过布尔什维克，却要造谣诬蔑他们。马雅可夫斯基先假定那女人的观点为真，然后以她的逻辑推出她是小偷的结论，而且让大家抓住她，使她得到了应有的惩罚，从而也维护了布尔什维克的声誉。

# 第二章　论辩心理技巧

## 1. 掌握对方心理——论辩取胜的秘密武器进

在论辩的全过程中，始终贯穿着论辩的心理活动，而心理活动与思维、情感则是一个密不可分的有机的整体。在论辩中，无论是有声语言，还是无声语言都在一定程度上受着心理活动的支配。正常的心理活动往往显示出一种沉着、坚定的风格；不正常的心理活动常常呈现出一种浮躁、紊乱的特征。论辩者正常的心理活动是论辩者应该具备的心理素质。正常的心理活动通过外化，必然会迸发出一种坚定自信、压倒对方的力量。然而并非所有的论辩者都具有一种正常的心理活动素质，由于各种原因，一些论辩者难免会出现一些心理机制上的缺陷，正是这些缺陷在一定程度上阻碍了他们论辩才能的发挥。如果论辩的另一方掌握了对方心理机制上的缺陷，并根据它来有的放矢地制订论辩对策，迅速地组织坚强有力的论辩语言，果断地采取灵活多变的论辩技巧，那么就会收到预期的效果，必定会征服对方，夺取论辩的胜利。论辩者心理机制上的缺陷，大致表现在如下几个方面。

（1）自傲心理

在论辩中，有些论辩者自以为地位、身份、学识等方面优于对方，因而产生出一种自傲的心理。由于受这种心理的支配，他们往往表现出一种狂妄自大的论辩作风。他们对对方采取不屑一顾的态度，其举止粗俗霸道，言语尖刻，甚至恶语伤人，似乎真理全部掌握在其手中，对方只能在他面前甘拜下风，乖乖缴械投降。对于具有这种心理的人，论辩的另一方则可针锋相对，据理反驳，从而挫败对方的气焰，使对方收敛自己的言行。

春秋时期，晏子出使楚国，楚王在自傲心理的支配下，存心要侮辱

晏子。他先是在大门旁边开个小门，请晏子进小门。晏子不甘受辱，击败了接待人员。晏子在会见楚王时，楚王傲慢无礼，劈头发问，“难道齐国没人了吗？竟派你来当使者！”晏子回答说：“我们齐国的都城临淄有上万户人家，张张袖子就遮住了太阳，挥把汗就如同下雨，人挤得肩并肩，脚碰脚，怎么能说没有人呢？”楚王说：“既然如此，为什么还派你来当使者呢？”晏子回答说：“齐国派遣使者有种种规定，贤能的人被派到贤明的君主那里去，不肖的人被派到不肖的君主那里去。我是最不肖的人，所以被派到你这里来了。”楚王听后哑口无言，很是难堪。

晏子之所以取得了这场论辩的胜利，就是因为他从楚王的言语中窥见了楚王傲慢的心理，从而采取了针锋相对的策略，运用了有理有节的语言。“难道齐国没人吗？竟派你来当使者！”这不仅是对晏子的人格侮辱，更重要的是对齐国国格的侮辱。晏子针对楚王的这种侮辱，首先以夸张的语言极言齐国人才之多，然后顺理成章地道出派人的原则，即贤能的人派到贤明的君主那里去，不肖的人派到不肖的君主那里去，最不肖的人被派到最不肖的君主那里去，我是最不肖的人，所以派到你这最不肖的君主这里来了。于是乎，楚王的傲慢心理彻底地崩溃了。

不难看出，具有傲慢心理的论辩者表面貌似强大，其实外强中干，并没有什么了不起的力量。因此，只要不被其表面力量所吓倒，头脑冷静，针对其傲慢无礼的语言据理反驳，就可将其击败。

（2）畏惧心理

论辩者的畏惧心理主要是由自身的某些弱点或者错误而害怕对方抓住把柄所产生的。从心理学和生理学的角度分析，凡产生畏惧心理的论辩者，其心血管收缩较紧，血流量加快后造成一种内在机制的紧张状态，心理失去平衡，情绪产生波动。因而，在论辩时，语言必然缺乏逻辑性、流畅性，甚至会出现许多虚假的成分。论辩的一方只要掌握了对方的这种心理特征，采取层层设问的方法就可将其论辩错误暴露无遗，置其于困境。例如，汉朝时期，匈奴俘虏了汉朝名将苏武。后来匈奴派使者来汉朝求和，汉朝的使者要求把苏武送回汉朝。匈奴的使者撒谎说，苏武已经死了，但是他们又非常害怕。汉朝的使者发现了他们这种

心理情绪，并分析了其中的缘由，于是质问道："你们既然要和汉朝和好，为什么要欺骗汉朝呢？苏武明明在北海牧羊，你们为什么说他死了呢?"匈奴的使者听后吓得目瞪口呆，连忙回去向单于建议，把苏武放回了汉朝。

显然，由于汉朝使者掌握了对方的畏惧心理，于是连用两个反问句，就使匈奴的使者暴露了真相。由此可见，凡是有某些弱点或论辩错误的人在论辩中难免产生畏惧的心理。因此，论辩的一方只要掌握了对方这种心理特征，采用设问的方法揭露对方的弱点或错误，就可取得论辩的胜利。

（3）轻视心理

有些论辩者往往自认为学识渊博而瞧不起对方，因而产生了一种轻视对方的心理，认为对方知识浅薄，不堪一击。这种心理的行为特征一般表现在言语上，就是对对方采取一种藐视和嘲弄的态度。论辩的一方掌握了对方这种心理特征，可以采取多方论证自己的观点，或者深化对方观点的方法，使对方看清自己的实力，而在事实面前承认自己的浅薄，从而改变自己的态度，放弃自己的错误观点。例如，北京市著名的预审员汲潮在审讯美国间谍黎凯时，黎凯自以为是攻读博士学位的研究生，因而对汲潮采取一种藐视的态度。当汲潮问他研究什么题目时，他非常得意地说："我是研究管子的。"汲潮反问他："你是研究管子的?"黎凯竟神气地解释说："管子就是管仲，东周时齐国的宰相。"显然，黎凯以为汲潮把"管子"理解为"水管"了。汲潮面对黎凯的轻视，十分平静地说："我不是研究历史的，但作为一个中国人对管仲还是略知一二。据我所知，管仲还是一个著名的军事家，你听说过'老马识途'的故事吗?"黎凯痴痴地摇了摇头。接着汲潮绘声绘色地叙述了老马识途的故事，黎凯露出了十分惊讶的神色。最后汲潮又反唇相讥道："真没想到在我们国家稍有点历史知识的人都知道的故事，你这个自称为研究管子的人竟然不知道，我不得不这样说，你的管子也研究得很不到家啊!"汲潮的一席话深化了黎凯对管子的认识，使黎凯相形见绌，不但改变了对汲潮的轻视心理，而且产生了对他的敬佩之情，从而交待了自己的罪行。

不难看出，论辩者的轻视心理大都具有盲目性。故论辩的一方只要掌握了对方的这种心理，然后多方论证自己的观点或深化对方的观点，就可促使对方认识自己的盲目性，看到自己的差距，从而放弃自己的错误观点。

（4）刁难心理

持有这种心理的人大都为人不善，故意给人难堪。其行为特征表现在论辩中故意胡搅蛮缠，企图将自己的错误观点强加于人。论辩的一方掌握了对方的这种心理，采取以其人之道还治其人之身的办法，就能击败对方，使对方自食其果。新疆维吾尔族民间文学中有一个故事：阿凡提开了个小染房，巴依存心刁难他。一天，巴依前来染布房染布，他对阿凡提说："我要染的颜色普通极了，它不是红的，不是蓝的，不是黑的，不是白的，不是黄的，也不是青的……你明白了吗？"阿凡提说："明白了，你就等到那一天来取吧！那一天不是星期一，不是星期二，不是星期三，不是星期四和星期五，也不是星期六，连星期天也不是。如果那一天到了，你就来取吧！"非常清楚，巴依提出的条件是完全做不到的，哪里有什么颜色都不是的布呢？面对巴依的刁难，阿凡提来了个以其人之道还治其人之身的办法，表面上满足巴依的条件，实际上"那一天"也是永远不会到的。这样就使巴依自讨没趣了。

（5）偏爱心理

偏爱心理是一种心理状态的倾斜。有这种心理的人在论辩中往往喜欢抓住一些枝节问题长篇大论地进行阐述。由于其思维的偏向、语言的失控，一般都背离了论辩的主旨。因此论辩的一方一旦发现对方具有偏爱心理，则可直言不讳地指出其偏离了论辩的方向，然后强调论辩主旨，就可置其于维谷。例如：王某和张某就改革以来人民的生活水平提高幅度的问题展开论辩时，王某一味强调现在还有不少的贫困人口，他们还没有解决温饱问题，有的甚至连病都看不起。张某从王某的言谈中发现了其偏爱的心理，于是立即发问："你大谈现在有人还没有解决温饱问题，请问改革开放以前你家有自己的住房吗？有现代化的家具吗？这难道不是生活水平提高的表现吗？至于还有少数人还没有解决温饱问题，难道他们的生活比改革开放以前差吗？"由于张某及时地将问题引

到了辩题上，王某无法就自己感兴趣的问题继续谈下去了，所以只得当场认输了。

（6）好胜心理

有些人由于论辩的目的不明确，单纯地为了论辩而论辩，因而存在着一种好胜心理。其行为特征一般表现为以声夺人和强辩，以为这样可以增强论辩的气势，从气势上压倒对方，取得论辩的胜利。遇到这种情况，论辩的一方应镇定情绪，不卑不亢，揭露诡辩，以理服人，使对方的好胜心理在严密的论证中消失。例如，20 世纪 80 年代，某医院放射科一位医师利用为女患者拍片的机会，多次触摸其乳房。人民检察院以流氓罪（当时刑法规定有此罪名）对这位医师提起公诉。在法庭论辩阶段，公诉人出于强烈的义愤控诉了被告人的罪行。被告人的辩护人无可驳辩。但其故意提出了一个似是而非的问题为被告人辩护，他说必须有猥亵行为才构成流氓罪，被告人触摸的是妇女的乳房，而不是妇女的臀部，因此不是猥亵行为，不构成流氓罪。公诉人察觉这是辩护人出于一种好胜心理的诡辩，于是当即反驳道："我相信辩护人不会不知道'猥亵'这个词的含义吧，所谓猥亵是指以刺激或满足性欲为目的对妇女及青少年儿童进行摸、搂、抱等下流行为。根据我国刑法规定，对于公然猥亵妇女，使用暴力胁迫、引诱等手段猥亵未成年男女的，按流氓罪论处。十分明显，猥亵是没有部位之分的。被告人以满足性欲为目的，利用工作之便，公然多次触摸妇女乳房，这不是猥亵又是什么呢？这难道还没有构成流氓罪吗？"在公诉人严密的论证面前，辩护人好胜心理瞬间烟消云散。

"知己知彼，百战不殆。"论辩者只有掌握对方心理特征这个秘密武器，并善于运用这个秘密武器，才能在论辩中无往而不胜。

## 2. 心理相容——突破论辩僵局的钥匙

在论辩中，有时双方争辩到一定的程度，谁也不能说服谁，于是论辩形成了僵局。这种局面如果继续下去，就会导致论辩半途而废，无法达到辨明是非的目的。显然，导致论辩僵局的原因是心理不相容造成

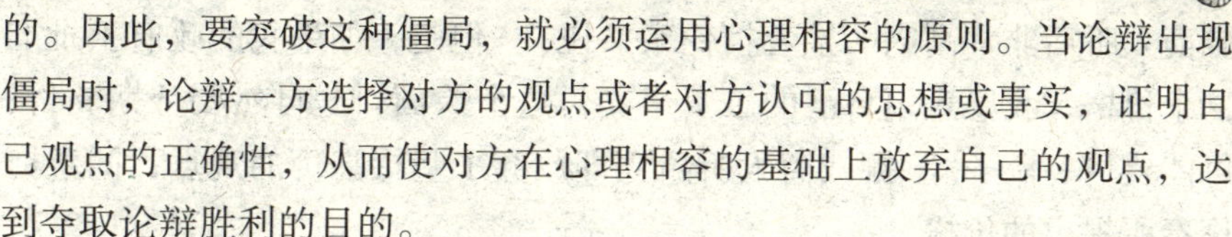



的。因此，要突破这种僵局，就必须运用心理相容的原则。当论辩出现僵局时，论辩一方选择对方的观点或者对方认可的思想或事实，证明自己观点的正确性，从而使对方在心理相容的基础上放弃自己的观点，达到夺取论辩胜利的目的。

例如，某大学二年级甲班在一次外语考试中，有一部分同学作弊。未作弊的同学很有意见，然而作弊的同学却不以为然。为此，班辅导员老师组织大家就“考试该不该作弊”为题展开论辩。甲方同学认为，作为一个当代大学生，作弊是极不应该的，因为作弊是一种弄虚作假、品德不端的行为。它玷污了大学生的灵魂，污染了社会风气。乙方同学反驳说：“考外语作弊是情有可原的，作为一个大学生来说，学不学外语关系不大，本来开外语课就是多此一举，因此考外语作弊不必大惊小怪。”甲方同学反驳说：“真的开外语课无关紧要吗？我们学习外国先进管理经验，没有外语行吗？”乙方同学也毫不示弱地反驳说：“我国一些优秀的科学家不懂外国语，他们研究的成果不也达到甚至超过了国际水平吗？”此时双方各持一端，似乎都很有道理，论辩陷入了僵局。过了一会儿，甲方一个同学说道：“有一位青年希望能买到一件质地精良、样式考究的上衣。有一天，他恰好在百货大楼看见这种上衣，但是他身无分文。这时他发现站在旁边的另一位顾客衣袋里有钱，于是他扒窃了那位顾客的钱买了衣服。那位青年扒窃难道情有可原吗？难道也是应该的吗？”乙方同学听后，立即表示赞同甲方的观点，承认考试作弊不应该。

甲方同学巧妙地运用了心理相容的原则，在论辩出现僵局之时，列举了一位青年行为的违法性作为论据证明自己观点的正确性，乙方同学认同了那位青年的行为是违法的，是不可原谅的。由此推之，作弊行为的错误性则不可否认。甲方同学就这样突破了论辩的僵局，夺取了论辩的胜利。

又如，世界上第一位女大使柯伦泰曾被任命为苏联驻挪威全权贸易代表。一次她和挪威商人谈判购买挪威鲱鱼问题。挪威商人要价很高，她出价较低，买卖双方就价格问题发生了激烈的争执，谈判陷入了僵局。在这种形势下，柯沦泰说道：“好吧，我同意你提出的意见。”挪

威商人听后非常高兴。接着柯伦泰又说："但是，如果我的政府不批准这个价格，我愿意用自己的工资来支付这个差额，这自然要分期支付，可能要付一辈子。"挪威商人听后立即放弃了坚持高价的观点，同意柯伦泰所提出的价格。

不难看出，柯伦泰在对方不肯让步的僵局中，表面上同意对方提出的价格，使对方产生了相容心理，然后她委婉地提出了自己坚持低价格的意见，迫使对方改变自己的立场，赞成了她的意见，从而取得了这次谈判的胜利。

在论辩中运用心理相容的原则突破僵局，一定要注意语言的委婉含蓄性。如果不注意这一点，即使是运用对方的观点或者是对方认可或理解的事实证明自己的观点，也达不到心理相容的境界，无法突破僵局。例如，在一次论辩中，甲乙双方就"拾到的东西要不要交公"的辩题展开论辩。甲认为拾到的东西不是偷的，也不是抢的，因此不必交公，可以理所当然地留着自己用。乙反驳道："拾到的东西尽管不是偷的，也不是抢的，但不是自己的财产，应该交公。"甲依然坚持自己的观点，说什么"凡拾到的东西就是属于自己的财产"。乙立刻反驳道："你连一点法律常识都不懂，假如你的东西遗失了，你也不要了？因为它已成了别人的财产，你会这样认为吗？"甲反唇相讥道："我不懂法律，你懂得很多吗？有什么了不起！"结果两人不欢而散。

显而易见，这场论辩的真理本来在乙的一边，如果在论辩形成僵局时，乙用法律常识反驳甲的观点，完全是可以达到心理相容境界的。但由于乙的语言过于直率尖刻，因而不仅没有达到目的，反而导致了不欢而散的结局。如果乙用法律这样反驳："我国民法通则明文规定：拾得遗失物、漂流物应归还失主，否则就是不当得利，我相信你是了解和熟悉这一法律条文的。"这样也就使甲不得不承认这一行为规范，改变错误观点，从而达到突破僵局，夺取论辩胜利的目的。

## 3. 心理控制——调节论辩情绪的妙方

美国石油大王洛克菲勒曾对律师询问石油公司事由的信件未予回

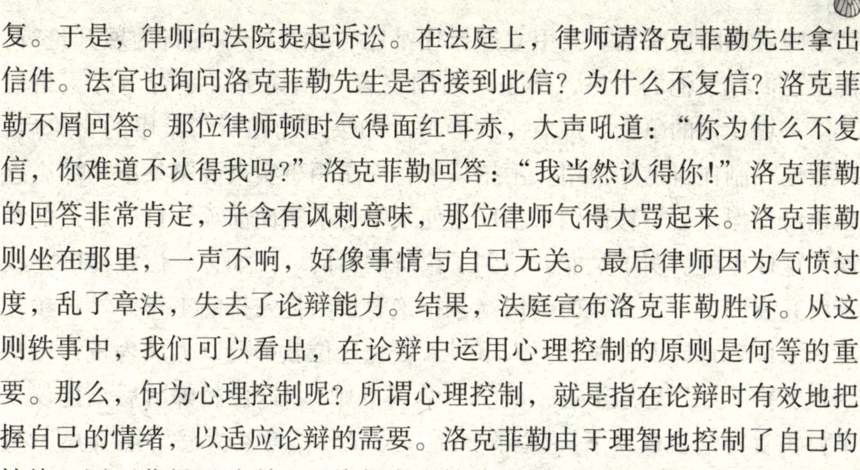

复。于是，律师向法院提起诉讼。在法庭上，律师请洛克菲勒先生拿出信件。法官也询问洛克菲勒先生是否接到此信？为什么不复信？洛克菲勒不屑回答。那位律师顿时气得面红耳赤，大声吼道："你为什么不复信，你难道不认得我吗？"洛克菲勒回答："我当然认得你！"洛克菲勒的回答非常肯定，并含有讽刺意味，那位律师气得大骂起来。洛克菲勒则坐在那里，一声不响，好像事情与自己无关。最后律师因为气愤过度，乱了章法，失去了论辩能力。结果，法庭宣布洛克菲勒胜诉。从这则轶事中，我们可以看出，在论辩中运用心理控制的原则是何等的重要。那么，何为心理控制呢？所谓心理控制，就是指在论辩时有效地把握自己的情绪，以适应论辩的需要。洛克菲勒由于理智地控制了自己的情绪，因而获得了胜利，而律师由于情绪失控而导致失败。

由此观之，在论辩中，要想获得论辩的胜利，必须恰当地运用心理控制的原则有效地控制自己的情绪，既不要过分地激动、愤怒，也不要麻木不仁、毫无感情。过分地激动、愤怒必然会导致论辩脱离正常的轨道，将论辩引向歧途，麻木不仁、毫无感情，就失去了论辩的意义和价值，因为论辩本身就是一种情感活动。没有鲜明的爱憎，没有崇高的责任感，没有恰当的表情和相应的情绪，论辩就会冷冷清清，毫无生气，同样达不到辨明是非的目的。总之，运用心理控制原则控制情绪是论辩取胜不可忽视的因素之一。

（1）理智地控制情绪

在论辩中，如果论辩者的言行缺乏理智，就会使论辩偏离方向而导致失败。因此，论辩双方都要理智地控制情绪。所谓理智地控制情绪是指论辩者为了辨明是非，适当地抑制自己情感的外在表现形态，即喜、怒、哀、乐等。论辩者只有理智地控制自己的情绪，才会使自己把握言行的分寸，保证论辩紧密围绕主旨进行。

例如，某甲与某乙就单位每年是否增加收入的问题展开论辩。某甲说："我们单位实际上没有每年增加收入，飞涨的物价反而使每年的收入下降了。"某乙说："话可不能这样说，物价虽提高了，但工资每年也上涨了不少啊！"某甲道："你涨了工资我可没涨多少，不能和你比，你确实得了不少的实惠啊！"某乙一听这话，怒不可遏，拍着桌子斥责

某甲睁着眼睛说瞎话。某甲立即抓住某乙"拍桌子"的行为展开论辩，说某乙侮辱了他的人格，于是两人围绕着"拍桌子"是否侮辱人格展开了一场无谓的争论，最后不欢而散。如果某乙在听了某甲的言论后，理智地控制住自己的情绪，不拍桌子，而是用事实来说服某甲，那么这场论辩不但不会转移论题，相反会使某甲在事实面前承认自己观点的错误。这样也就辨明了是非，达到了论辩的目的。又如，一位教师因学校未将其妻调来学校工作而闹情绪，拒绝学校给他安排的工作。学校领导请来了市教育局人事科长。人事科长告诫这位教师要以大局为重，服从学校安排。如果思想不通，就学一学《准则》。这位教师听后，建议人事科长看看《在夜幕下》这部小说。人事科长勃然大怒，拍着桌子吼道："你是什么意思，要我看那部小说?"这位教师毫不示弱，照样喝道："你为什么拍桌子，这不是侮辱人格吗?像你这样的人还有资格做思想工作吗?"顿时，人事科长陷入了进退两难的窘境，最后被迫赔礼道歉。显然，如果人事科长理智地控制自己的情绪，是不会出现这种尴尬的局面的。

由此可见，理智地控制情绪是保持良好的论辩姿态和论辩秩序的十分重要的条件。因此，在论辩中切忌发怒。否则就会乱了阵脚，陷自己于窘境。

（2）恰当地调动感情

在论辩中，一方面论辩者要理智地控制感情，防止感情过分地外露而导致论辩的失利。另一方面论辩者又要恰当地调动感情，要不失时机地对对方观点中的合理部分表示出喜悦的情感，充分地肯定其合理性，以达到为我所用的目的。对于对方违背原则的错误观点，则应该表示出一种爱憎分明的立场和态度，并运用语言充分表达这种情感，使对方诚服。例如，汲潮在审讯美国间谍黎凯时，黎凯百般狡辩说："我不认为美国侵略了中国，相反我认为在中国发生的事情威胁了我们美国的安全。"听了这种奇谈怪论，汲潮立即反驳说："事实胜于雄辩，美国反动政府对中国实行的是侵略政策，早在解放前就支持蒋介石打内战，屠杀中国人民。新中国成立以后，美国政府继续干涉中国的内政，推行敌视中国革命事业的政策，公开煽动所谓第三势力即资产阶级自由主义者起来推翻中国共产党的领导，派军队驻扎台湾，公然支持中国人民唾弃的蒋介石集团反攻大陆；后来又悍然派兵侵略朝鲜，把战火烧到鸭绿江边，企图以朝鲜为跳板，直接侵略中国，并在日本建立了针对中国的军事基地。这种种事实难道不是说明了美国对中国实行地地道道的侵略颠覆政策吗？相反我们没有在美国周围驻扎一兵一卒，怎能说我们新中国威胁了你们美国的安全呢？这不是赤裸裸的强盗逻辑吗？”黎凯听后像哑巴一样，无言对答。这就是汲潮恰当地调动情感而取得的效果。汲潮将对黎凯反动观点的无比愤恨之情寓于有理有据的叙述之中。他首先控诉美国侵略中国的事实，然后运用三个反问句，进一步深化这种情感，气势磅礴，具有钢铁般的不容置辩的力量，因而彻底地驳倒了敌人的反动观点。

总之，只要我们恰当地运用心理控制的原则调节论辩情绪，在论辩中不急不躁，就可掌握论辩的主动权，夺取论辩的胜利。

### 4. 运用心理定势原则，夺取论辩胜利

心理定势是一种在一定条件下形成的固定的看问题的心理状态，这种心理状态是在内部和外部因素彼此吻合的条件下产生的。在论辩中，只要我们掌握了心理定势的特点，从而恰当地运用心理定势的原则，就能够夺取论辩的胜利。一般说来，心理定势具有如下特点：

稳固性。心理定势由于是在内部和外部因素彼此吻合的情况下产生的，因而具有相对的稳固性。在通常的情况下，论辩者一旦形成了某种心理定势，就能够在一定程度上抵抗外来不同观点的干扰，难以改变自己的观点。因此，论辩的一方单纯地传播某种信息、空洞地搬用某种说教、机械地引用某种事例往往无济于事。因此论辩一方要改变对方的心理定势，其理论必须具有强大的说服力，才能震撼对方的心灵、改变其观点。

融合性。因为心理定势是一种固定的心理状态，这就决定了它的融合性的特点。当外来的思想观点与它相近或者相同时，这种心理定势就得到了进一步的强化。如果外来的思想观点与心理定势完全不同，但是

又无法改变这种心理定势时，那么就会被这种心理定势融合吞并。因此论辩者要获得论辩的胜利，必须避免自己的思想观点被融合的可能性。

可变性。虽然心理定势具有相对的稳定性，然而辩证法告诉人们，世界上没有一成不变的事物。因而心理定势随着外部环境和自身需要的改变也会不断地变化和发展，它始终处于一种相对的运动状态之中，或增强，或减弱，或改变。从心理定势的特点中可以看出，论辩者要取得论辩的胜利，必须改变对方的心理定势，其观点必须强烈地震撼对方的心灵，使对方改变积淀下来的心理状态，并同时采取同向强化的方法。所谓同向强化，是指在论辩中首先抓住与对方相同或相似的观点展开论辩，然后在此基础上出其不意地亮出自己不同的观点，从而使对方改变心理定势，放弃错误观点。采用同向强化的方法改变心理定势有如下两种形式：

第一，抓住相近或相同的思想观点展开论辩，转变对方心理定势。在论辩中，不同观点的论辩者在某些方面往往有相同之处，论辩者可以把注意力集中到相同的方面，使之强化，从而扩大接受观点的范围。因此，论辩者要善于发现对方观点中与自己观点的相同点或相似点，一旦发现相同点或相似点，则立刻予以叙述，然后在不断强化的心理定势中提出自己不同的观点，使之接受自己的观点。例如，有个青工患感冒，医生给他开了点阿斯匹林。他大发脾气："你给我开这么贱的药，能治感冒吗?"医生听后笑着说："你患的是感冒，维磷补汁、蜂乳这些药价格贵，能治你的感冒吗?"青工回答说："那是补药，怎能治感冒呢?"医生连忙接过话题说："对，补药价格贵，但不能治感冒，你需要的是治感冒啊!"那位青工听后，觉得自己错怪了医生，连连向医生道歉。

显然，医生说得这位青工口服心服，这就是运用心理定势同向强化的结果。尽管这位青工形成了一种药价低廉不能治感冒的心理状态，但是与"对症下药"这个观点是相同的。于是医生抓住这一点发问，强化了对方的心理定势，然后提出了阿斯匹林能治感冒的观点，于是使青工改变了自己的不正确认识。

北京著名预审员汲潮为了彻底改变美国间谍黎凯的反动观点，也采

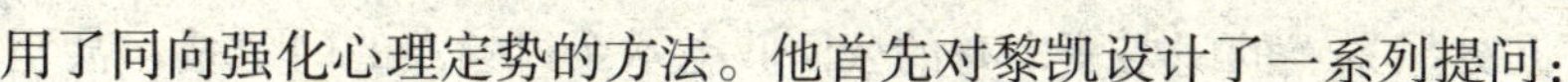



用了同向强化心理定势的方法。他首先对黎凯设计了一系列提问：

汲潮：如果别国侵略美国，并且煽动一部分人进行颠覆活动，你会有什么表示？

黎凯：我会反对这些侵略行为，拿起武器保卫我们国家。

汲潮：倘若那个国家也派间谍到你们美国首都去收集军事、政治、经济情报，为他们侵略、颠覆美国政府的政策服务，你能够容忍吗？

黎凯：不，我不能容忍，我要同他们斗争到底！

汲湖：为什么？

黎凯：因为这是对美国人民的犯罪，是不道德的，是违反国际公法的。

汲潮：当你们美国政府里的反动派把这种侵略政策强加在中国人民头上的时候，当你和你的妻子等人为着这种侵略政策服务而对我们中国进行间谍活动的时候，难道我们中国政府和人民应该容忍吗？

至此，黎凯已彻底被汲潮所征服了。显然汲潮妙就妙在首先抓住了"人都有爱国心"这一心理定势发问，并使之逐步强化。然后在这个基础上阐明"我们国家也同样不能容忍间谍行为"这一观点，从而使黎凯心悦诚服地改变了反动观点。

第二，心理定势强化的另一种形式是论辩一方首先佯装赞成对方的观点，引诱对方暴露全部错误，然后抓住要害展开攻势，迫使其改变观点。在论辩中，论辩一方与对方观点毫无共同之点，采取针锋相对的办法无法改变对方的心理定势，达不到取胜的目的。如果采取先赞成对方观点后发起攻势的方式，则可麻痹对方，使对方陷入困境，从而不得不改变自己的心理定势，乖乖缴械投降。例如，某公园大门售票处墙上贴着"公园门票，每位陆元"的公告。然后游客进去后每到一处又要收门票，游客很有意见，游客乙跑到公园管理处对其负责人说："你们为什么收了门票后，到里面又要收门票呢?"负责人说："我们为什么不能收呢？我们是为顾客着想啊，进门后，顾客想看哪一处风景就收钱，不想看就节约钱，这不是很好吗？你知道吗？我们的价格是这里最便宜的呢。"游客乙立刻附和着说："是的，这个公园的价格是便宜的啊！"公园负责人连忙笑嘻嘻地说："是啊，其他公园哪有这么便宜呢，我们

才收了几处风景点的门票费，有的公园收七八个风景点的门票费，甚至上厕所也得收费呢。”游客乙附和着：“贵公园空气清新，每个游客都能呼吸新鲜空气，然而你们却没有收费，这真是为顾客着想啊！”公园负责人听后，觉得他们的做法有点不妥，于是表态说：“我们对收费不合理的地方再改一改。”

不难看出，游客乙佯装赞成公园负责人的观点，致使公园负责人放松了警惕，从而暴露了自己的错误。游客乙则乘势反唇相讥，使公园负责人无言以对，从而改变了心理定势。

莎士比亚的戏剧《威尼斯商人》第四章“法庭斗争”写的是鲍西娅与犹太人夏洛克论辩的故事。安东尼奥的船只路途遇险，因而无法及时偿还贷款。阴险狠毒的夏洛克逼着安东尼奥还债，官司打到了法院。在法庭上，威尼斯公爵劝说夏洛克无效。于是，他请鲍西娅审理此案。鲍西娅认为，如果采取针锋相对的方法，夏洛克是不会放弃割安东尼奥一磅肉的残酷要求的。聪明的鲍西娅采取心理定势强化的方法，她充分肯定了夏洛克割安东尼奥一磅肉的合法性，使夏洛克感到她是一位公正廉明的法官。接着她又拒绝了巴萨尼奥为安东尼奥求情的请求，这就更加增强了夏洛克的信任感，使其心理定势得到了不断强化。在此基础上，鲍西娅假意验证契约，诱导夏洛克说出一定遵守契约的誓言。在此基础上，鲍西娅提出割一磅肉既不能多，也不能少，同时不能流血的立场。否则，就得将夏洛克全部财产充公。至此，夏洛克已陷入了困境，只得放弃了要割安东尼奥一磅肉的要求，甚至连债都不要了。然而鲍西娅坚决不同意，以法律的名义没收了夏洛克的全部财产。

显而易见，鲍西娅运用心理定势同向强化的方法使夏洛克得意忘形，钻进了她精心设计的圈套，从而获得了论辩的胜利。

综上所述，在论辩中，只要我们掌握了心理定势的原则，善于运用心理定势同向强化的方法，就能夺取论辩的胜利。

# 第三章　论辩进攻技巧

## 1. 先发制人，争取主动

（1）争取主动权是取胜的手段

无论是在辩论、谈判，还是其他的语言交际过程中，争取主动是取得胜利，达到目的的根本手段。俗话说：先下手为强。唇枪舌剑的论辩恰如刀光剑影的战争，应力争主动地位，趁对方不加防备或没有做好准备的时候，先下手以取得先机之利，达到控制对方的目的。先发制人是抢先制胜的论辩谋略。

一次，在辩题为“对传统戏曲配上电子音乐有何褒贬”的竞赛论辩上，自由论辩一开始，正方就率先发难。

正方：“你刚才一再强调这样做就丢掉了传统的东西，请问，到底戏曲传统的具体内容是什么?”

反方：“传统京剧艺术加进电子音乐之后，我看不出京剧的传统味道。至于京剧的传统到底是什么，我也不知道，京剧改革，究竟该怎样改，我也答不出来。因为我从未考虑这个问题。”

正方：“既然你已经承认不知道什么是京剧的传统，以及加入电子音乐后究竟失去了哪些，我们就没办法与你论辩下去了。你回答不出，我们也就不勉强你回答了。”

正方二辩：“对对方扔回来的问题，现在我来做圆满的回答。我们认为，传统的京剧艺术的传统特点有三个方面：第一就在于它的写意性。第二是它固定的表演程式。第三是它固定的唱腔。方才已经讲过，电子音乐的广泛的表现力完全补充了京剧伴奏三大件阳刚有余、阴柔不足的欠缺。这就是说，加入电子音乐，既没有破坏京剧的写意性，也没有破坏它固定的表演程式和唱腔，而是使京剧艺术更加符合现代人的欣

赏习惯和心理需求，我们为什么不为这种改革尝试拍手叫好，反要评头品足，甚至泼冷水呢?”

这里，正方以“问”开头，又以“问”作结，直指对方立论的要害，而且“哪壶不开提哪壶”，陷敌于理屈词穷的境地。此后，又反客为主，回答了对方答不上来的问题，据此展开论证自己的观点，有理有据。可见，如此率先发难，瞄准要害，加以诘问，对方避而不答，或难以答辩，都会陷入被动。

在“西安事变”和平解决后，张学良没有听从共产党的劝告，送蒋介石回南京，结果被蒋介石扣押起来了。

东北军中的青年军官得知张学良被蒋介石扣押，便把本应针对蒋介石的仇恨，发泄到东北军的高级将领身上，还错误地认为共产党没有把他们的司令官救回来。他们暗杀了几名东北军高级将领后又杀气腾腾地闯进周恩来同志的住处。

在这紧急关头，周恩来镇定自若。他霍地站起来猛地一拍桌子，先发制人说：“你们要干什么？你们这是要救张副司令吗？你们的行动恰恰是帮了蒋介石的忙！是蒋介石所欢迎的！你们以为这样干就可以营救你们的张副司令回来吗？不！这恰恰是害了张副司令！因为你们的行动破坏了团结，分裂了东北军！你们在犯罪！”

面对一伙杀气腾腾的人，周恩来没有畏惧，也没有施以耐心劝导，而是先发制人，句句在理，无可辩驳。结果，不仅煞了他们的威风，打消了他们的气焰，而且使他们感动得流泪，跪下来向周恩来认错请罪。

(2) 找好时机，主动出击

1897 年孙中山侨居日本时，结识了日本政治家犬养毅，他们作过一次很有趣的论谈。

犬养毅：“我真钦佩您的机智——不过，我想问问您，孙先生，您最喜欢的是什么?”

孙中山：“革命，把清政府推翻。”

犬养毅：“你喜欢革命，这是众所周知的。但除此之外，您最喜欢什么?”

孙中山稍停片刻，用英语回答：“Woman（女人）。”

犬养毅拍手道："很好！再其次呢？"

孙中山："Book（书）。"

犬养毅忍不住哈哈大笑："这是很老实的话，我以为您会说最喜欢书，结果您却把女人排在书的前面，这是很有意思的。您这样地忍耐着对女人的爱而拼命读书，实在是了不起！"

犬养毅以为自己发现了一个秘密，这使他解除了心理戒备。孙中山选择了这个时机解释了自己的答案的含义："不是这样！我想，千百年来，女人总是男人的附属品或玩物，充其量做个贤内助。然而我认为，她应该和母亲是同义语，当妈妈把她身上最有营养的乳汁喂给孩子的时候，当妻子把她真诚的爱献给丈夫的时候，她们的牺牲是那样无私和高尚，这难道不值得爱吗？可惜，我们好些人却不珍惜这种爱，践踏这种爱。"

这里，孙中山利用歧义将语义转移，把"女人"解释为包括母亲、妻子在内的广大妇女，把"爱"理解为广义的尊重、热爱、珍惜、钦佩，阐明了一个伟大的真理，也轻松地说服了对方。除了这一点，孙中山先生对"Woman"和"Book"的次序排列，也说明了孙中山先生对战机的准确把握。

俗话说，机不可失，时不再来。一个论辩者要论辩取胜，就必须善于把握转瞬即逝的时机，选择最佳地点、最佳时间、最佳气氛，一鼓作气，发起猛攻，以便取得最佳的论辩效果。把握战机的方法就是捕捉最有利的置辩时机的一种方法。

战机是出现在一定时间、空间内的有利于己而不利于对方的趋势、空隙，把握战机是战胜对手、转变局势的关键。战机的时效性是很强的。具体地说，在论辩过程中，如果己方处于优势地位，就必须抓紧时机，趁对方未防范之际，迅速集结兵力，给对方以突然袭击，达到将其制服的目的，这就是先发制人；相反，当遇到敌强我弱、敌优我劣的形势时，若仓促应战，就难以取胜，这时，不妨静观其事态变化，避其锐气，细心寻找对方的破绽，自己充分酝酿辩词，乘机积蓄力量，然后选准时机，一举战而胜之。

（3）面对反驳，先发制人

所有论辩的总目的无非是驳倒对方，战而胜之。但是，就论辩的具体情况来分析，论辩的性质不同，反驳的直接目标也应有所区别。根据论辩的性质，反驳的目的大体上可分为以下几种：

①率先发难，置对方于死地

这是反驳的最高境界，当你攻击到对方的要害处，使对方无言以对、口服心服时，己方就获得胜利。

②率先发难，扰乱对方的阵线

面对对方的攻势，己方组织有效的反攻，意在挫败其攻势和锐气，动摇其心理防线，使其内部出现失调、混乱。

③率先发难，消耗对方时间

在一些论辩中，论辩胜负与时间相关联。这种情况下如果组织进攻，通过率先发问，逼对方应答，那么，大段的被动应答，无形之中就会把对方时间消耗殆尽，这样也就为己方赢得了宝贵时间。

④率先发难，争取评委和观众

反驳语言是一种艺术，而进攻语言锋芒犀利、富有光彩、充满智慧，让听众赏心悦耳，能展现论辩者的机敏气质和迷人风采，也能赢得观众评委。

先发制人术用于论辩，以“先发”为手段，以“制人”为目的，要抢先奇取制高点，掌握论辩的主动权。

在运用“先发制人”这一技法时，要注意以下几点：

观点论述要全面、准确，对论题的分析与论证必须抓住实质，避免在枝节问题上纠缠不清。

语言运用要紧贴论题，能够抓住听众的情绪，避免自己说自己的，而不管听众的反映。

对问题的分析，要注意多侧面、多角度地综合，全面论述，避免只按照正面思路一味地讲大道理，顺着一个思路延伸。

## 2. 战略进攻，因人而异

（1）论辩中要善于察言观色

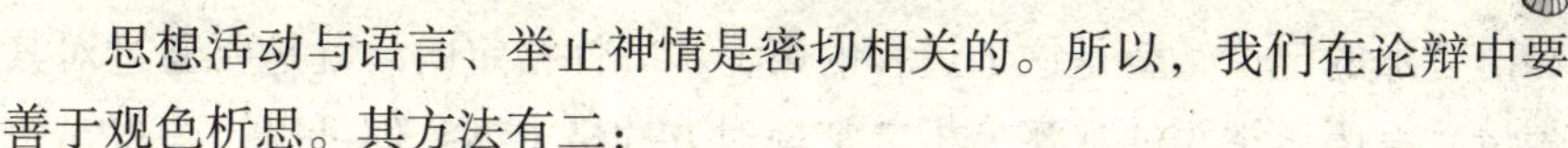



思想活动与语言、举止神情是密切相关的。所以，我们在论辩中要善于观色析思。其方法有二：

①善于抓住关键性的瞬间

任何一个论辩者，包括许多高超的论辩家在内，对于自己的神情的掩饰，都不可能达到绝对的滴水不漏。关键问题是，你在对方错综复杂的神情变化中，能否准确判明哪一个变化是决定性的。对于机智的论辩者来说，其弥补失误的本领也是异常高超的，他不可能让你长时间地洞悉到他的破绽，因此，时机对你非常宝贵。至于究竟什么才是这种“决定性瞬间”的具体显现，怎样才能将其判明并咬住，那只能具体情况具体分析，凭着你的经验和感觉来定夺，无固定模式可循。诚然，尽管人的思想感情会在其言谈、表情、动作上流露出来，但仅从上述两个方面来准确无误地把握论敌，还是不够的。因为人不仅具有自然属性，更具有社会属性。所以不可忘记人具有自控能力，可以制约、支配自己的言谈举止。出色的雄辩家的自控能力尤为突出。这更需要我们结合对方的历史、经验、理论和说辩水平，做全面思考、深入研究和准确判断。

因此，对说辩对象的了解，不能停留在静观默察上，还应该主动侦察，采取一定的侦察对策，去激发对方的情绪，才可以迅速把握对方的思想脉络和动态。比如，说辩开始前，可采取漫谈的方法，与对方闲聊哲学、经济，甚至时装、住房、社会等话题，以观察对方的兴趣、爱好、知识、经验等情况。如果对方表示厌倦，您也无须顾虑，这除了扰乱他在辩前的心情外，没有别的不利之处。运用对方有兴趣的事物，诱导对方开口，观察对方神情变化及心理活动的一般特点和语言点位置，从中判断出对方的存心所在。另外，在说辩中适当运用一连串刺激性问题，激起对方兴奋，进而失去情绪控制，使其表露内心世界。而当尚未吃透对方性格之前，可让他误认为你怯懦无力，从而他对神情的控制就会放松，你观察他的时机也就到来了。总之，要迅速、准确捕捉对手暴露的蛛丝马迹，透过现象，识破对方的诡计。

②性格定向和语言点定位

观色析思，实际上是论辩双方对对方言谈举止、神态表情的微妙变化及其含义进行捕捉和判断，是一个“由表及里”的过程。性格定向

和语言点的定位，就是这个过程的第一步。性格定向，就是要通过对其表情、言语、举止的观察分析，掌握对方性格类型。你可以当头甩出一两个对方很敏感的问题，静观一下他的反应方式和程度。值得注意的是，这种观察一定要细致入微，千万不要因为对方看上去似乎毫无反应，就断定他是傻瓜。在摸透了对方性格类型之后，就要设法捕捉最能反应他思想活动的典型动作和典型部位，也就是“语言点的定位”。眼、手、腿、脚乃至身体每一部位的肌肉，都可能是“语言点”所在。有些现象的含义大家是很清楚的，如腿的轻颤，多是心情悠然的表现；双眉倒竖、二目圆睁，是愤怒的象征；而微皱眉头，轻咬嘴唇，则是思索的含义。

（2）换位思考，帮对方说话

你推销的是电风扇，顾客对这种产品挑剔得多，并声称买电风扇也可以，你就要顺着对方的意思说话，“这种产品确实不太好，花那么多钱买到一件不如意的东西真不合算！”这种话一出来，对方的感觉就好像正在使劲推一扇门，门突然不见了，自己有劲也使不上，因为他即使还有什么不满意的话，也觉得没有必要说出口了。

接下来，你可以乘势转变，以一口为对方设想的语调说：电风扇一般都有这种毛病。今年夏天虽然不太热，但电风扇还是用得着的。如果不在乎价钱的话，可以买好一点的。

在这样的交谈中。对方无形中就把你当作帮助拿主意的人来看待，对推销员本能的戒心消失了，就很容易做出购买的决定，轻松愉快地签下订单。

从某种角度来说，推销员的功夫就是说话，就是在与顾客说话时能言善辩。对推销员说话的分析，可以有助于其他人群对如何把话说好进行深入地思考。

当买主对于推销的产品提出批评意见时，你要装出忘记自己推销使命的样子，站在对方一边说话。

（3）替对方着想是说服对方的捷径

1964 年 4 月，时任中国外长的陈毅元帅率团赴印尼首都雅加达，参加第二次亚非会议筹备会。他和印尼总统苏加诺一见面，就发现双方

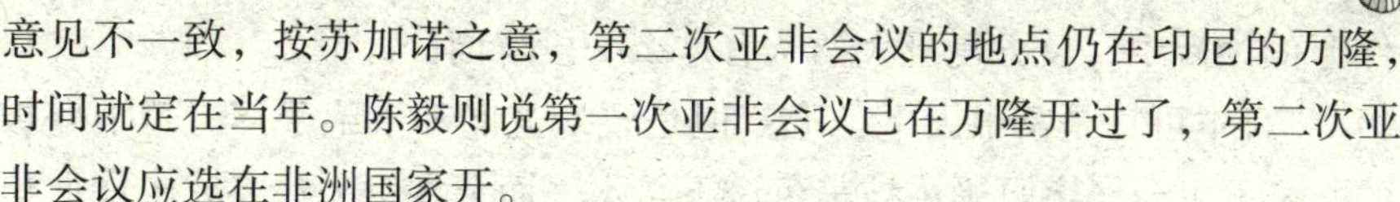



意见不一致，按苏加诺之意，第二次亚非会议的地点仍在印尼的万隆，时间就定在当年。陈毅则说第一次亚非会议已在万隆开过了，第二次亚非会议应选在非洲国家开。

双方的观点不一致，给筹备会埋下了争执的导火索。

为了说服苏加诺而又不失和气，达到寻求共同点、广泛团结国际友人的目的，陈毅对苏加诺总统说："非洲的独立国家有40个之多，总统阁下如果主张在非洲开，就是支持了非洲的斗争，这样你就站得高、看得远，顾全大局，表现了政治家的风度，证明了你没有什么私利打算，你去发言就响亮。"苏加诺觉得很有道理，但他似乎有碍于情面，虽然点头称是却不愿完全放弃自己的观点，仍坚持当年开。陈毅元帅发现问题有了转机，于是趁热打铁，又以幽默的语言诙谐地说："你是总统，我是元帅，我给你当个参谋长，你要不要呢?"

如此和缓、商讨的语言，既照顾了苏的情面，尊重了这个东道主的地位，又充分体现了寻求团结的万隆精神，苏加诺自然无法回绝，唯有称是。

替对方着想，是说服对方的一条捷径。在某些特殊场合，即使有意见的一时分歧，我们仍然不妨替对方出谋划策，防止出现各执己见的火药味，以营造轻松幽默的气氛，友好商量解决问题。

（4）因人施辩的妙用

因人施辩就是在论辩中为了说服对方，争取多方面的支持，针对不同的辩者、不同的评委及不同的听众，采用不同的论辩方法。只有这样，才能取得最佳的论辩效果。

论辩赛总是要在特定的环境地点中进行的，在场的观众的感情倾向对辩者的心理乃至胜负都会产生一定的影响，要想获得广大观众的理解和支持，就不能不研究他们的社会背景、风俗习惯、文化层次和心理特点等。

’93首届国际华语大专论辩会在新加坡举行。在第二次世界大战期间，日本曾给东南亚人民带来过深重的苦难，而日本政府至今还常企图掩盖、歪曲这段历史，因而东南亚人民对日本始终存在着感情的隔阂。根据东南亚人民这一情感特点，在关于"温饱是谈道德的必要条

件”的论辩中，反方复旦大学队有这么一段辩词：

“日本可算是富甲天下了吧？但是政坛丑闻却不绝于耳。竹下登被贿赂蹬下了台，宇野梁佑被美色诱下了水，而金丸信呢？终究未能取信于民。”（掌声、笑声）

面对曾经深受日本之害的东南亚人民，揭露日本政坛丑闻，无疑会产生极好的效果。辩词还巧妙地运用了谐音，极富幽默和讽刺效果。

（5）因人施辩的几种方式

因人施辩是根据不同的人或同一个人不同的情况而采取不同的说辩方式。具体说来，有如下几种因人施辩的方式：

①与智者辩要旁征博引

所谓智者，是指那些思维敏捷、机灵聪颖的人。与这样的人施辩，就一定要旁征博引，显示你的博学多才。因为聪明人容易看低别人，而只佩服比自己聪明博学的人。他们对知识性的话题也抱有极大的兴趣，以博为据，赢得对手的信誉，容易将他们说得心悦诚服。

②和迟钝的人论辩多用比喻

如果你的论辩对手是一位迟钝、见识少的人，你就没有必要表现自己的博学，而要努力将论辩的问题陈述与解释清楚。这些人的理解力和接受力与反应力都是较差的，你要想办法将道理说得明白浅显、通俗易懂。

③和善辩者论辩要注意防守

论辩中，有时虽然真理在你手中，但对手是个擅长说辩的人，极难将他说服，欲胜辩不能，欲罢辩不甘。这时你宜改用“守”。

首先，你要自始至终含而不露，切莫让对方看出你有“辩不赢”的焦急，要努力保持着一种镇静自若，既不激动，也不冷漠的神态。让对手既不能说你对他所说的理由不感兴趣，但他又无法看出你真正的兴趣所在。这个时候，你要充分发挥你的自控力，靠它来取胜。要特别慎言，出语严密稳妥，不能有破绽。此时若有错漏，善辩的对手就会乘虚而攻。

其次，是以守待攻。采用多提问的方法，实行自卫。最好能多提一些难题，向对方连连质问，使对方忙于筹思应答，无暇进攻。

防守的核心，一是知人者智，二是因人施辩，抓住了这两点，就能正确地把握和运用。

④和年长的人论辩要迂回

所谓长者，是指年龄比自己长、辈分比自己尊、职位比自己高、威望比自己大的人。对待这些长者，虽然讲究平等，但从道理上、伦理上、感情上，都不可不尊重他们。因此，说辩的方式就要“曲”。所谓“曲”，就是施用迂回曲折的辩术。不好意思明说的，可旁说；不敢明说的，可暗说；不能直说的，便绕着说。

⑤和年龄小的人论辩要展示善的一面

所谓下者，是指年龄、辈分比自己小，地位和威望都比自己低的人。与这类人论辩，应注意充分利用长者的风度，以善求辩。如果想依靠居高凌下的气势压服对手，要么口服心不服，要么事与愿违。因为即使是论辩，则所论辩探讨的问题的是与非、正确与错误，都不一定是早有定论的。因此，长者在论辩时，要认识到“是者可能非，非者可能是”。论辩时不能以势压人，要淡化“官”气，反对官霸辩风。不能“有权就有理”，俨然以主宰者自居，视下者为“民”，视自己为“主”，盛气凌人，这样将堵塞言路。而宜使用一种平和的、有理性的态度。

⑥和有怨言的人论辩时应该让他先发泄

当你遇到满腹怨言的论辩对手时，最适宜的辩术，是先让对手发泄怨气，而你则应耐心地倾听对手的发泄。有时，对手找你发泄，只是想出出气而已，并不企望解决什么。摸准对方这个意图，你不必跟他辩解，先任其发泄完。如果对手满怀怨气找你来解决某个问题，你切记要让人发泄完毕。对方有怨而未泄，你要先行想办法挑逗其发泄，激其发泄。他发泄得越痛快，问题接近解决的程度越近。

## 3. 反守为攻，奋起反击

(1) 用言语澄清来反攻对方

某地学生以“武将也要文才”一题开展论辩。

反方认为武将不要文才也可以，理由是“武将的才能在于指挥打

仗，学文即是扬短避长”。

正方采用了釜底抽薪法予以了反驳：“在知识的海洋里，每一种知识和技能都不是孤立的。武才和文才也是这样，武才靠文才来总结、交流、提高，文才靠武才来提供内容，鉴别真伪。一位军事高级指挥员曾经列举了武将学文的种种益处：一是可以把练兵或者打仗的实践经验总结上升为理论，便于学术交流，供人学习借鉴；二是迫使自己不断进取，防止经验主义；三是培养深入、严谨、细致的作风，避免粗枝大叶；四是在学文过程中加强思想修养，养成勤于思考的习惯；五是丰富业余生活，使文武互为补充，工作有张有弛。这些，都是经验之谈。”

通过这一段反驳，反方“武将的才能在于指挥打仗，学文即是扬短避长”这一论据就被驳倒了，正方“武将也要文才”的论题也就得到了成立。

当对方的论据与论题的关联不紧或者背道而驰时，我们也可以采取釜底抽薪法，从根本上矫正对方论据的立足点，对某些概念进行正名，使其正本清源，还原归位，使其恰好为我方的观点服务。说服力强，震撼力大，最重要的在于可信度高。

李大钊在法庭上受审时，法官杀气腾腾地说：

“李大钊你听着：你自小缺少教育，青少年时期就不老实。天生一副反骨，处处与政府作对。踏上社会之后，你一天也没有消停过……”

李大钊极为镇静地反问：“法官大人，你说的都是些虚夸不实的词儿。什么反骨啦，消停啦，这算什么犯罪事实？”他继而笑着反击道，“我要审问你们可有根据。你，主审法官何丰林，曾伙同张作霖，一次就谋杀376人，犯有十恶不赦的杀人罪……”

何丰林气得脸色铁青，嘴唇发抖，暴跳道：“不准你胡说八道！”

李大钊审时度势，抓住时机，及时反驳，效果非凡。

我们还要跳出“非此即彼”的束缚。如果以定势思维被动答问，就难以跳出“非此即彼”的框框设定。跳出“非此即彼”的框框，就能够釜底抽薪，以倒树寻根之势推翻对方作为预设选项的正确性。

在一场关于“思想道德应该适应（超越）市场经济”的论辩中，反方和正方都摆出了必胜的架势。

第一回合拉开架势，反方说："雷锋精神到底是无私奉献精神还是等价交换精神?"正方说："对方错误理解了等价交换。等价交换就是说，所有的交换都要等价，但并不是说所有的事情都是在交换，雷锋还没有想到交换，当然雷锋精神谈不上等价了。"

第二回合拉开架势，反方说："那么我们的思想道德的核心是为人民服务的精神，还是求利的精神呢?"正方说："为人民服务难道不是市场经济的要求吗?"正方赢得了热烈的掌声。

（2）借助动作实现反守为攻

在许多情况下，仅凭口头议论难以表述清楚的问题，借助一些具体的动作行为，就可以做到釜底抽薪，水落石出。这是因为动作行为具有强烈的直观性，它的真假当场就可以验证，具有不容置疑的雄辩力量。

有一天，李老头家丢了一头60多斤的猪，怀疑是邻村一个叫矮冬瓜的人偷的，于是官司打到县衙。听过原告申诉，知县问被告是否属实。

矮冬瓜说："猪走得慢，偷猪人怕被发现，是不敢在地上赶猪走的，所以他们偷时，总是将猪背在肩上。你看小人瘦骨嶙峋，手无缚鸡之力，如何偷得动这头肥猪呢?"

知县打量了他一会儿，说："确实如此，我听说你向来清白无辜，又可怜你家贫困，这样吧，现在赏你一万钱，回家好好做点小本生意，切莫辜负我的一片苦心。"

矮冬瓜得钱，连连磕头谢恩，把钱理好后，就麻利地套在肩上，转身要去。

知县喝道："慢！被告，这一万钱不止60斤吧！"

矮冬瓜一愣，掂了掂说："嗯，差不多。"

知县冷笑道："你既说自己手无缚鸡之力，怎么如此重的钱像没什么分量似的背上就走？可见那60斤重的猪你也是背得动的。"

矮冬瓜无法抵赖，只好招供自己的罪行。

我们有时可能直接指出对方论据的虚假，但当情况还不明朗时，我们可以创造条件，戳穿对方虚假的论据。其要领是以某种动作行为为论据，同时辅以一定的语言叙述进行论证。

以事实驳倒对方的论据，对方的论点自然也就站不住脚了。

有个强盗，抢了一个老太婆的东西。一个过路人听见老太婆大喊抓强盗，于是拼命追赶，把强盗抓住了。可是强盗反咬一口，扭住这个过路人说对方是强盗。当时天快黑了，也不知道强盗到底是哪个，于是他们来到县衙，请官府断定。

县令见了，却笑着说："两人一起赛跑，先跑出凤阳门的就不是盗贼。"

两个人于是开跑。一会儿，他们回到县令身边，县令严肃地对那个后出凤阳门的人说："盗贼如果跑得快，就不会被人家抓住。现在被人家抓住了，可见盗贼是跑得慢的那个。现在你跑不过人家，被人家抓住了，可见你是真正的盗贼，你为什么还要诬陷人家呢？"

跑得慢的人无奈，只好如实招供，把抢来的东西还给了那个老太婆。

要想取得预期的论辩效果，就必须注意动作行为与自己的推断有逻辑联系。

（3）注意守和攻的关系

战国初期，楚平王荒淫无道，在大臣费无极的怂恿下父纳子妻，把秦哀公的长妹孟嬴纳入宫中。平王怕事情败露，不可收拾，又听信了费无极的坏主意，把太子建调离京师，派往城父去镇守。临行前平王假惺惺地命令奋扬负责保卫太子，并嘱咐说："你侍奉太子就要像侍奉我一样。"

次年，孟嬴为平王生了一个儿子，平王许诺要立其为"太子"以接王位，但又碍于太子建还健在。费无极看出了楚平王的心思，便趁机造谣说："太子建与伍奢合谋勾结齐晋两国兴兵造反，以雪被平王夺妻之恨。"

荒淫昏庸的平王听信了谗言，便密令奋扬"杀太子受上赏，纵太子当死"。奋扬痛恨平王荒淫无道，滥杀无辜，便把平王的密令报告太子，让太子赶快逃走。然后自缚去见平王，并报告说："太子已逃走，我是来请罪的。"

平王听后大怒，喝问道："命令是我下的，只有你知道，究竟是谁

告诉太子建逃走的？”

奋扬直言不讳：“是我如实地向太子建报告的。”

平王一听，气得暴跳如雷，恨不得挥刀劈了他，呵斥道：“你既然放走了太子，却又来见我，难道不怕要按抗君之罪论处吗？”

奋扬毫无惧色，从容答道：“我前往城父之时，大王命令我‘像侍奉大王一样来侍奉太子’，我是奉了您的命令，像救大王一样救了太子！我没有罪，有什么可怕的呢？如果大王责备我不遵从您后来的命令，加罪于我而把我杀掉，我是为救太子而被杀的，虽死犹荣，又有什么可怕的呢？更何况我了解太子并没有造反的形迹，我们无辜地杀害无罪之人，即使我无罪而被杀，虽死无愧，又有什么可怕的呢？太子无罪而逃生了，比我的生命更有价值，我就是死了也甘心，又有什么可怕的呢？”

奋扬的一番话使平王十分感动，便赦免了他，仍然让他任城父的司马。

奋扬对平王的辩白，反守为攻，步步为营，四个“不怕”，据理自辩，立足主动，稳扎稳打地层层辩驳，终于使昏庸之王深感惭愧，改变初衷。

运用反守为攻术，要注意好“守”与“攻”的关系，以守争取时间，等待时机，一旦条件成熟，奋起反击，决不手软。

## 4. 正面进攻，直截了当

说话或者论辩的技巧和反技巧实在太多，不仅需要浪费我们太多的时间，而且把说话或者论辩的简洁之美破坏殆尽，效果还并不见得明显。尤其是在论辩中，当双方都掌握了那些技巧和反技巧，论辩者往往就会心力交瘁，甚至会陷入技巧的圈子而忘记了论辩的目的。更何况绝大多数人都喜欢直率的表达，对单刀直入的表达难以拒绝，讨厌那种拐弯抹角、吞吞吐吐、欲言又止的过分含蓄。

正面进攻以事实说话，直截了当，一针见血，以痛快淋漓的情感，干净利落的语言说服对方。

当年，爱国将领冯玉祥治军有方，利用基督教维系军心，每天早操

前必问士兵："弟兄们，我们是谁的军队？"官兵们照例要按他的话回答："我们是老百姓的军队！"有一天，冯玉祥刚刚照例问话完毕，队伍里就有一个士兵突然大声回答："我们是洋人的军队！"冯玉祥勃然大怒，下令将这个士兵押到台上，责问他为什么这么回答。这个士兵面不改色，直言道："听洋人的话，信洋人的教，替洋人打仗，受洋人的气，怎么不是洋人的军队？"这个士兵的两次回答都直截了当，没有一丝一毫的含糊，令冯玉祥无言以对，但冯玉祥从心底赏识这个"冒失鬼"憨直的性格与无畏的胆量，暗喜发现一个闯将的可造之才，不但没有责罚他，反而提拔重用了他。这个小兵，就是后来的著名将军吉鸿昌。

正面进攻是指运用真实判断直接确定对方论证的虚假，或以论据的真实性直接推出论题的真实性。正面进攻以事实说话，直截了当，一针见血，可以收到立竿见影的作用。

有一次，阿凡提在城里一家饭馆里吃了三个煮熟的鸡蛋，吃完后，发现身上没有带钱。于是，他就向开饭馆的财主表示了歉意，并保证下次经过时一定把钱送上。财主说："阿凡提，三个鸡蛋算不了什么，以后再说吧！"

过了半年，阿凡提又一次经过这里，他见了开饭馆的财主就问："上次我吃的三个鸡蛋，该给你多少钱呢？"财主用算盘拨拉了半天说："不多，不多，你就给三百块钱吧。"阿凡提吃惊地说："三个鸡蛋三百块钱，你这是发昏了吧！"财主说："这算多吗？如果这三个鸡蛋没给你吃掉，早孵出三只母鸡来了。如果一只母鸡半年下一百个蛋，三只母鸡就会下三百个蛋。三百个蛋再孵成小鸡，你说，应该值多少钱？"

于是，阿凡提和财主争吵起来，财主讨不到三百块钱，便到皇帝那里告了阿凡提一状。

皇帝想重重地惩罚阿凡提，便亲自审理这个案子。然而，到了审案的这天，皇帝一直坐等到中午，左等右等也不见阿凡提到来，便连连派人去催，好不容易，才看见阿凡提手提一把铁勺姗姗而来。

皇帝大声说："阿凡提！你好大胆，为什么迟迟不到？"

阿凡提平静地回答说："陛下，我和邻居合伙种的二亩麦子明天就

得下种了，我们正忙着炒麦种，所以就耽误了点时间。”皇帝听了大笑着说：“炒熟的麦子还能出苗？”

阿凡提立即反驳说：“陛下，既然炒熟的麦子不能出苗，那么，煮熟的鸡蛋还能孵出小鸡来吗？”

皇帝和财主听了，顿时张口结舌，半天说不出一句话来。

在这个故事里，阿凡提采用了针锋相对、以牙还牙的方法，让皇帝和财主张口结舌，没有办法继续论辩下去。

正面进攻，焦点在于不拐弯抹角，不借用语言艺术，往往以痛快淋漓的情感、干净利落的语言解决矛盾，说服对方。

正面进攻法要求论辩双方在简短的几个回合中辩明某一问题的是非，因而除了要求论辩者善于切中论敌的要害外，还必须具有较高的口语表达技巧。论辩之辞，要力求清新、明快、简洁有力；可适当运用反复、反问等手法，以增强论辩的力度；还可适当地运用排比，层层递进，步步紧逼，使论辩具有一种磅礴的气势。

## 5. 忠言顺耳，投其所好

《晏子春秋》载：齐景公性贪玩好动，常常上树掏鸟，晏子想批评他改掉这个恶习。一天晏子听说景公掏了小鸟，又放回巢里。晏子问景公：“国君，你干什么累得满头大汗？”

景公说：“我去掏小鸟，可小鸟太弱了，我又把它放回巢里了。”

晏子称赞道：“了不起，您真是具有圣人的修养啊！”

景公不解：“这怎么是有圣人的修养呢？”

晏子说：“国君，您把弱小的雏鸟放回巢里，表明您深知长幼的大道理，有可贵的同情心。君王您对禽兽都这样仁爱，何况于百姓呢？”

景公闻言，十分高兴。以后再也不掏鸟玩耍，而对百姓的疾苦则格外地关心了。

顺其所好，攻其所蔽的陪衬术，在我们日常生活的交际说辩中同样是经常用得着的。心理学表明，情感引导行动。积极的情感，比如喜欢、愉悦、兴奋，往往产生理解、接纳、合作的行为效果；而消极的情

感，如讨厌、憎恶、气愤等，则带来排斥、拒绝。正如管理心理学所说的："如果你想要人们相信你是对的，并按照你的意见行事，那就首先需要人们喜欢你。否则，你的尝试就会失败。"这表明，要使别人对你的态度从排斥、拒绝、漠然处之到对你产生兴趣，付一份关注，接受你的批评或建议，就需要最大限度地引导、激发他的积极情感。而陪衬术的"顺其所好"，实际上就是一个引导和激发的过程。因此，陪衬术的运用，其关键是要"顺"得自然，"顺"得巧妙，"陪衬"得合理而激发对方产生积极情感。

怎样才能做到投其所好呢?

(1) 激发对方的"兴奋点"

有一位业务员去见一位大公司的经理，这位大经理正埋头看文件，没有抬头的意思，把业务员晾在一旁。这位业务员为了打破这种僵局，于是说："没想到，总经理的办公室如此简洁、素雅，我还从没见过哪位企业家的办公室像您的这样别致、脱俗呢?"总经理马上摘下眼镜，抬起了头。

于是，他们从企业家的生活态度谈到环境与工作的关系，谈到事业的成败。总经理述说了自己那段充满艰辛、感人至深的奋斗史。

任何一个人，对自己的成功史都会乐此不疲地津津乐道，那是最令其精神振奋的人生篇章。业务员很懂说辩艺术，谈话时适时提问，使总经理谈兴大开。谈话结束时，他们自然成了"知已"，一笔业务也如愿以偿。

说辩中的顺其所好，要善于激发对方的"兴奋点"。说辩中常常遇到这样的情况：当你需要对方听你的陈述、请求、汇报时，对方或许不断看表、或许嘴里应付着，眼睛却在注意别处、或转移话题，不愿多谈……遇到这种情况，就应先放弃说辩话题，寻找对方的"兴奋点"，从对方的"兴奋点"谈起。

(2) 发现对方的"闪光点"

小李："老王，你一向乐于助人，我有点小事，不知您肯帮忙不?"

小李挖掘老王这"你一向乐于助人"的"闪光点"，明确地表达了对老王的肯定和尊重，自然老王乐于接受。而且既是"一向乐于助

人”，一点小事有求于你，也就是说，你力所能及，怎好推辞？自然小李能轻而易举地达到目的。

诚然，在发现对方的“闪光点”并进行“恭维”时，一般不要曲意逢迎，应掌握好恭维的尺度，恰如其分，不留痕迹。

要善于发现对方的长处、优点等“闪光点”，并从理解的角度真诚地赞美对方。

“顺其所好”时不分对象、不分时机、不分场合、不分尺度，往往会事与愿违。这是在发现对方的“闪光点”并进行“顺其所好”的“恭维”时要注意的。

（3）寻找对方的“兴趣点”

战国时，一心想称霸的齐宣王向孟轲请教一个问题：“怎样才能统一天下，像我这样的人能不能统一天下？”孟轲想到当时所有的国君都是爱听颂扬的话，他略沉思了一下，说：“我听说，有一次新钟铸就，准备杀大牛祭钟，您因为看见好好的一头牛无辜而被杀，感到不忍，结果没杀那头牛，是有这么回事吧？”

齐宣王别提多高兴了，他想不到孟老夫子也听说了这件善事，赶紧回答说：“是有这么回事。”孟子说：“大王，这就是恻隐之心啊！凭您这种恻隐之心，就可以行王道，统一天下。”齐宣王高兴起来，他眼前充满了希望和光明，急于听孟子下面的话。

孟子接着说：“问题是您肯干不肯干罢了。比如有人说，我力能举起千斤东西，但却举不起一根羽毛；眼睛能看得清毫毛，却看不见满车的木柴。您相信这话是真的吗？”齐宣王道：“我当然不相信这种话。”

孟子继续说：“这就对了。如今您能用好心对待牛，却不能用这种心爱护老百姓，这也同样叫人不能相信。这就和不肯举一根羽毛和看不见一车木柴一个样。如今老百姓所以不能安居乐业，这就是您根本不去关心的缘故，而不是能不能干的问题。所以我说，您能行王道，能统一天下，问题是您‘不为也，非不能也！’”

孟子抓住齐宣王不忍杀牛的慈善之心，先顺其所好，奉承一通，由此肯定齐宣王有统一天下的条件。这奉承出自孟子事先的调查，使宣王自鸣得意，为接受批评创造了气氛。然后，孟子引申出严厉的批评。虽

然批评尖锐深刻，毫不留情面，但由于有奉承作陪衬，故能使宣王欣然接受。

每个人都有自己的兴趣爱好。而当别人谈到这一爱好时，便很容易入耳，并且谈起来津津有味。善言者就此而顺其所好，同时借题发挥，巧妙地引发出自己的话题，阐明自己的观点。

## 6. 蛇打七寸，进攻有力

与对手论辩，关键是要找到对手的弱点，然后抓住弱点，强烈猛攻，对手必定难以抵挡，俯首称臣。

在一次以“做好商业服务工作要靠顾客理解”为题的论辩赛上，反方的一名队员失于冷静，言辞不当，带有人身攻击的味道，主持人及时予以提醒。

正方的一名队员立刻抓住这个现象作为论据，用以阐述自己的观点：

“我们以为，做好商业服务工作主要靠服务员的事业心、责任感，不能靠顾客是否理解来决定我们的服务态度，就像我们今天来参加这场论辩赛一样，不能因为对方态度不好，不理解，我们就不认认真真地把比赛进行下去。如果像对方所主张的那样，只有顾客理解才能把工作做好，我们的论辩赛不就进行不下去了吗？”

这位辩手目光敏锐，及时抓住对方言辞上的失误，蛇打七寸，使其寸步难行。

攻其弱点，首先要能敏锐地发现其弱点，无论是论题不真实、论据不充分、论证不周全，还是举例不妥当、表述不清楚等都要及时发现，及时分析，及时反驳，有道是：“哪壶不开提哪壶。”

一次，列宁与德国妇女领袖蔡特金谈起了关于劳动人民在自身未得到解放之前，存在文盲现象到底有没有好处的问题，两人产生了对立意见。

蔡特金说：“不要这样厉害地埋葬文盲现象吧，列宁同志。在某种程度上，它确实帮助了你们的革命。它保护了工农的心灵，使之不致为

资产阶级的思想和概念所闭塞和毒化。你们的宣传和鼓动正落在处女地上，在你不必首先连根掘掉整片原始森林的地方，播种和收获是比较容易的。”

对此，列宁指出了它的错误：“是的，那是不错，但只是在某种限度以内。或者更正确地说，只是在我们斗争的某一阶段。文盲现象同夺取政权的斗争，同打碎旧国家机器的需要是可以相容的。但我们是否仅为了破坏而破坏呢？我们破坏，是为了建设更好的。文盲现象是同建设的任务不相容的，根本不相容的。”

这里，列宁紧紧抓住对方“文盲无害论”论题的错误，正确阐述了文盲在破坏与建设中所起的作用的不同，确定了对方论题的错误和虚假。

下面是“温饱是谈道德的必要条件”的论辩中的一段辩词：

姜丰：对方讲的无非是温饱也能谈道德。这一点我们什么时候反对过了？问题是对方所要论证的是没有温饱就绝对不能谈道德。请对方举例说明，哪怕是一个，人类社会在何时、何地、何种情况下一点道德都不谈。

张学军：请对方不要搞错。我方在一开始就说，温饱是谈道德的必要条件，是指我们谈道德不能够脱离温饱，对方能够对这个问题作出批评吗？

蒋昌建：任何理论应用到任何一个历史时期，比解一个一次方程都简单。请对方不要回避我们的问题，举出你们的实例来。

吴俊仲：我方的论点对方没有任何批驳，所以我方的定义已经成立了。（哄笑声）其次，对方的解释依然是在饥寒的情况下你可以对他进行道德要求，这可以吗？请回答。

季翔：你的论点不是自己说成立就成立了，不然还要评判干什么？

这段论辩中，反方中国复旦大学队紧紧抓住了英国剑桥大学队难以回答清楚的两个核心问题：一个是逻辑问题，即要求对方证明没有温饱就绝对不能谈道德；一个是事实问题，即请对方举出一个实例来证明其论点。在整场比赛中，剑桥大学队都没有有效地回答这两个要害问题。复旦大学队则一抓不放，步步紧逼，最终致使对手方寸大乱，最后说出

了令全场哄笑的一句话："我方的论点对方没有任何批驳，所以我方的定义已经成立了。"复旦大学队季翔敏锐地出击，用一句巧妙的反问，将剑桥大学队置于与评委尖锐对立的境地，胜负也就可想而知了。

## 7. 巧借东风，善借外力



（1）借别人的口表达自己的意思

借别人的口齿，说自己的难言之事，其应用范围之广，其作用之大，让人非常吃惊。这也是借外力的一种方法。

西安事变前夕，张学良和杨虎城频繁晤面，都有心对蒋介石发难，可在对方亮明态度之前，对于这样一个关系到身家性命和国家前途的大事，谁也不敢轻易开口。眼看时间越来越近，双方都是欲说还休。

当时，张学良的实力比杨虎城大得多，且又是蒋的拜把子兄弟。杨虎城如果直接把自己的观点摆在张的面前，而张又不赞同，后果实在堪忧。恰好杨虎城手下有个人叫王炳南，张学良也认识。在又一次的晤面中，杨虎城便托他之口说道："王炳南是个激进分子，他主张扣留蒋介石！"张学良及时接口道："我看这也不失为一个办法。"于是两个聪明的将军开始商谈行动计划。

杨虎城借并不在场的第三者之口传出心声，即使不成也可全身而退，另谋他策。这种兼有拉"挡箭牌"的自保功用，其妙处人人都可心领神会。

1914年春季，豪斯先生奉美国第28任总统伍德罗·威尔逊之命，赴法国做外交上的接洽。出发前，威尔逊原则上同意了豪斯的计划，但态度相当谨慎，距离被正式批准还相当遥远。豪斯到巴黎后不久，寄回了他同法国外长的谈话记录。在谈话中，豪斯把自己想出的、经总统谨慎同意的计划，说成是"总统的创见"，并热烈赞扬说，这是"天才，勇气，先见之明"的表现。看了记录，威尔逊总统毫不犹豫地正式批准了这个计划。

在威尔逊执政期间，豪斯都采用这种简单而有效的"版权"无偿转让策略。因为豪斯知道，威尔逊总统过于自负，除了用这种方法提出

的意见，其他任何新鲜的意见都会被他轻易地拒之门外。

具体说来，“版权”无偿转让的策略就是：避免他人在场，悄悄地使对方感兴趣，把意见“移植”到对方的心中，然后使这个计划可以作为对方的“天才构思”而公之于众。

的确如此，只要计划得到实施，管他什么版权不版权。何况，也只有上司才具备更多的让计划变成现实的条件。自己的思想经由别人尝试一番，也可以由别人承担尝试的风险，何乐而不为呢？

我们假托他人之口反对什么，赞成什么，其实都明白无误地说出了自己的立场和观点，这样做并不会给人留下没有主张的印象，反而会取得令人意想不到的效果。

尤其是在现代职场上，假借他人之口，常常可以取得令人意想不到的好效果。例如一句“某某的主意真不错”，就可以在巧妙表达自己的主意的同时，表现出这个人的团队精神。在这个人人都想争着出头的社会里，一个不嫉妒同事的部属，会让上司觉得此人本性善良，富有团队精神。

（2）借用他物讲明道理

讲道理一般都比较抽象，用这种托物喻理的方法，可以把道理讲得很具体，有时还可能很生动。鲁迅先生在《拿来主义》一文中，在论及“我们要运用脑髓，放出眼光，自己来拿”的论点时，就有过一段脍炙人口的托物喻理：

譬如罢，我们之中的一个穷青年，因为祖上的阴功，（姑且让我这么说说罢），得了一所大宅子，且不问他是骗来的，抢来的，或合法继承的，或是做了女婿换来的。那么，怎么办呢？我想，首先是不管三七二十一，“拿来”！但是，如果反对这宅子的旧主人，怕给他的东西染污了，徘徊不敢走进门，是孱头；勃然大怒，放一把火烧光，算是保存自己的清白，则是昏蛋。不过因为原是羡慕这宅子的旧主人的，而这回接受一切，欣欣然的蹩进卧室，大吸剩下的鸦片，那当然更是废物。“拿来主义”者是全然不这样的。

他占有、挑选。看见鱼翅，并不就抛在路上以显其“平民化”，只要有养料，也和朋友们像萝卜白菜一样的吃掉，只不用它来宴大宾；看

见鸦片，也不当众摔在茅厕里，以见其彻底革命，只送到药房里去，以供治病之用，却不弄“出售存膏，售完即止”的玄虚。只有烟枪和烟灯，虽然形式和印度、波斯、阿拉伯的烟具都不同，确可以算是一种国粹，倘使背着周游世界，一定会有人看，但我想，除了送一点进博物馆之外，其余的是大可以毁掉的了。还有一群姨太太，也大可以请她们各自走散为是，要不然，“拿来主义”怕未免有些危机。

鲁迅先生在文章中，以取得这样一所大宅子“占有”、“挑选”的种种情况作为比喻，论述了吸取外来文化的重要性，有力地证明了中心论点，说明了“没有拿来的，人不能自成为新人，没有拿来的，文艺不能自成为新文艺”的道理，既深刻，又形象具体。

运用托物喻理的方法，可以把精辟的说理巧妙地寄托在人们熟知的、具体的、生动的事物之中，生动活泼，通俗易懂，使人易于理解，乐于接受，因而是一种使用相当广泛的说理方法。但应注意恰当地选择比喻的事物，倘若比喻失当，说理也会出现失误。不过这种方法只是一种“喻理”，而并非严密的逻辑推理，无论其如何巧妙，也难于完全准确地表述思想观点，所以运用这种方法，仅仅是说理的一种辅助手段，宜与其他议论方法结合起来使用。

（3）借用外力，临场发挥

大选结束，新当选的总统发表施政演说。但是由于年事已高，身体不适。演说过程中，他觉得腹中疼痛难忍，竟然满头大汗，说不下去了。于是，医生立即前来抢救。演说被迫中止了，选民的心不禁被一层阴影所笼罩。

没过多久，这位总统又精神抖擞地返回了台上，听众们悬着的心总算放下来了，耐心地等待着他的下文。他扫视一眼台下，镇定自若地说：

“我们的国家就像我的身体一样，刚刚经历了一场深刻的危机，但是，现在好了，危机已经过去，希望就在前头！”

话音一落，全场掌声雷动。

这位总统深知，由于刚才的突然情况，选民的心中已留下了一层阴影。但他不愧是一位老练的政治家，借着他身体好转的话题对国家的前

途来了个即兴发挥，由此及彼，以身体比喻国家，恰到好处，完全扫除了原有的阴影。这里，他使用的就是借力打力的方法。由于他巧借话题，临场发挥，把整个演讲推向了高潮，收到了意料不到的效果，也向自己的选民充分展现了一个机智老练的政治家的形象。

使用借力打力术，要求头脑机敏，善于联想，善于借助眼前所见所闻的事物，加以发挥，进而达到论证自己观点的目的。

萧伯纳的剧本《武器与人》首演获得成功，许多观众在剧终时要求萧伯纳上台与大家见见面；可是，当萧伯纳走上舞台时，突然有个人对他大声喊道："萧伯纳，你的剧本糟透了，谁也不要看，收回去吧，停演吧！"

萧伯纳听到喊声，没有暴跳如雷；相反的，他向那人深深鞠了一躬，彬彬有礼地说："我的朋友，你说得好，我完全同意你的意见，遗憾的是，我们两个人反对这么多观众有什么用？我们能禁止这剧本上演吗？"

萧伯纳采取的方法是，把观众的力量借用过来，给予那人有力地一击。"我们两个人反对这么多观众有什么用呢？我们能禁止这个剧本上演吗？"言外之意是：群众是喜欢我的剧本的，你个人反对无济于事。这种在特定场合，借用群众的情绪来反驳对方的方法，是"借薪助燃"的典型例证。

进攻之中有防守，而防守之中也有进攻。了解了这一点，就需要我们在论辩中把防守与诱敌结合起来，制服对手。当己方处于防守态势时，面对对方的攻势，不妨将计就计，在一些问题上避而不答，做出己方防守空虚的假象，诱使对方恣意进攻，然后突然拿出最有力的论据，打对方一个措手不及，挫其进攻锐气，这样就使对方在明显占有优势的情况下，也不敢再冒然进攻。

## 8. 巧布陷阱，请君入瓮

（1）巧妙设立选择项

日本某家百货商店让售货员询问大批采购的客户，"是替您把东西

送到府上？还是由您自己带回去？”就这么一句话，便使送货的工作量减少了70%。因为当你提问时，许多人不由自主地选择了后者。

提问人根据一般人对后来提出的问题印象最深的特点，有意识地将自己的真正要求放到后一选择方案里。这样对方在选择了后一方案后，还不觉得是掉进了人家的“陷阱”，而自以为是做出了一项明智的自由选择。

施行“先纵后擒”的设陷术，是当论敌锐气尚盛时，故意避开论题的锋芒，甚至向他故意显示己方的言论的软弱状态，用以娇纵对手使其洋洋自得，踌躇满志，而后乘其丧失警惕的机会，再给以沉重的打击。

运用设陷术时，必须注意以下三点：

①引诱要巧妙

一次，理发匠给乾隆的新任宰相和坤理发、修面时不小心把宰相的眉毛刮掉一边。理发匠顿时暗暗叫苦，惊恐万状。情急之中，突生一智，连忙停下刮刀，故意两眼直愣愣地看着和坤的肚皮，仿佛要把宰相的五脏六腑看个透。

和坤见他这般模样，感到莫名其妙，这肚皮人人皆有，有什么好看的？迷惑不解地问道“你不修面，光看我的肚皮作甚？”

理发匠忙说：“人们常说‘宰相肚里能撑船’，我看相爷的肚皮并不大，怎能撑船呢？”

和坤哈哈大笑：“那是说宰相的气量最大，对一些小事情都能容忍，从不计较。”

理发匠听完这话，连忙“扑通”一声跪在地上，声泪俱下地说：“小的该死，方才修面时，不小心将相爷的眉毛刮掉了一边，相爷气量大，请千万恕罪。”

和坤听了啼笑皆非：眉毛刮掉一边叫我怎样见人呢？不禁勃然大怒，正要发作，但想到刚才讲过宰相气量最大，怎能为这小事给他治罪呢？于是豁达温和地说：“无妨，拿笔来给画上就是了。”

在上例中，理发师的引诱是非常巧妙的。既运用了“障眼法”直愣愣地看着和坤的肚皮，引诱和坤发问，又采用“激将法”吹捧“宰

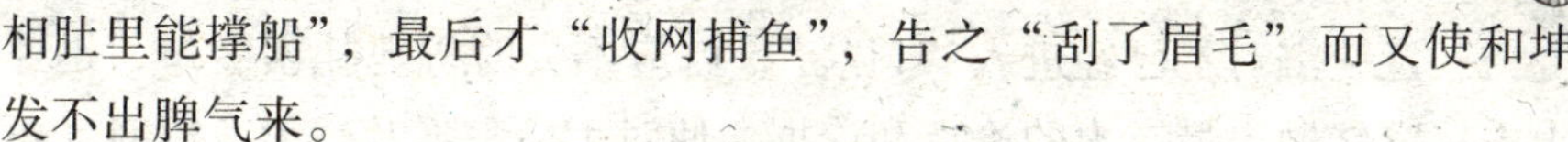

相肚里能撑船”，最后才“收网捕鱼”，告之“刮了眉毛”而又使和坤发不出脾气来。

即要在“引诱”上下功夫，可以采用障眼法，巧布疑阵，不露痕迹，以免被对方识破而功亏一篑。当对方不轻易上钩时，便辅之以激将法，来尽快诱使对方说出或同意与你准备坚持的观点相类似的观点，进入预先设好的圈套。也可以设计多种问题，即暗设多种机关，一问不成又接着第二问，环环相套，步步紧逼。问的时候，要明松暗紧，将对方慢慢引入埋伏圈内。暗中却极其细心地倾听对方的回答，从中寻找漏洞，一旦得手，便立即关门打狗，收网捕鱼。

②圈套要设好

下面是一则关于“能不能预料未来的事”的论辩：

甲：以往的事可以知道，未来的事却不可预料。

乙：我们知道，如果人掌握了某事物的发展规律，就完全可以预料未来的事。

甲：请解释你的观点。

乙：飞机速度快，还是火车速度快？

甲：飞机速度快，火车比不上它。这正是以往的经验告诉我们的。

乙：假设你在上海接到电报，要你在一天之内赶到北京参加紧急会议，你是坐飞机去，还是坐火车去？

甲：当然坐飞机才赶得上开会。

乙：那么你现在还没有去北京，怎么预料到坐飞机才能赶得上开会呢？

乙方先举出一生活常识问甲方，甲方正好可以用来证明自己的观点，不免沾沾自喜，而放松了戒备心理。谁知这正是乙方的诱饵，他以此控制了甲方的思维逻辑，使之最终不得不承认乘飞机比坐火车快是“可以预料”的结论。

在揣摩对手心理状态的基础上，主动以进攻者的姿态发问，或假设其事，或虚言夸张，巧布疑阵，设好“口袋”，诱使对方上钩，为后面反击设局。

③反击要有力

一旦论辩对手已经进入“口袋”，就应不失时机地扎紧袋口，迅速出击，突然抛出最有力的论点和论据，使对手措手不及，无言以对，不给对方以回旋的余地，辩得对方哑口无言，这是论辩所追求的最佳境界。

(2) 使用语言来设圈套

有一个年轻人出远门时，他把一百元钱寄放在一个老头那里。年轻人回来后，问老头子要回这笔钱。哪知老头翻脸不认账，硬说没有拿过他的钱。于是，年轻人就到法院里告状。

法官把老头叫来，问他究竟拿过钱没有，老头连哭带闹，矢口否认。法官问年轻人有没有证人？年轻人回答说没有。法官又问年轻人：“你在哪里把钱交给这个老头的呢？”

年轻人答：“在一棵大树底下。”

法官听了之后，便对年轻人说：“传它到案问话。”

年轻人发愁地问：“我怎么对那棵树说呢？”

“把我的大印带去，吓唬它。”

年轻人去了。那个老头却在法庭上暗自发笑。

过了半个小时，法官看了看太阳，问老头：“怎么样，他走到大树跟前了吗？”

老头回答说：“还到不了。”

又过了一小时，法官又问：“年轻人现在该往回走了吧？”

老头说：“该往回走了。”

过了一会儿，年轻人回来了。他愁眉苦脸地说：“老爷，大树不跟我来呢！”

法官说：“年轻人，不要着急嘛。”转而对老头厉声喝道：

“不诚实的老头，还不赶快赔钱给人家。”

老头说：“老爷，这话从何说起？”

法官说：“年轻人是在一棵大树下把钱交给你的，如果他说的是假话，那你根本不知道什么地方有这样一棵树。可是当我问你：‘怎么样，他走到大树跟前了吗？’你回答说：‘还到不了。’后来我又问你：‘年轻人现在该往回走了吧？’你说：‘该往回走了。’由此可见，你是知道

这棵大树在哪儿的，年轻人有钱在你处也是确有其事的，你是不老实的。现在你还有什么话说吗？”老头哑口无言，只得乖乖地把钱还给年轻人。

法官是用设陷术断案的。他问老头的那句话，便设置了一个圈套，一个陷阱。因为若是年轻人说假话，那么老头根本就不知道树在哪儿，他应该回答：“不知道”，正因为确有其事，老头才能根据时间回答年轻人是否走到树那儿，何时该往回走这一问题。法官正是通过这种看似不经心实则有预定目的的诱问，使老头儿在毫无警觉的情况下陷入圈套，露出破绽。

诱敌入彀，引人就范的秘诀在于语言圈套。语言之所以成为圈套，是因为同一个语词有不同的语义。听话者首先期待这一个意思，突然发现转向了另一个意思。

在说辩中，单刀直入，正面进攻的战术固然是必要的，但是，由于论辩的复杂性，论辩中常常会出现胶着状态，即对方死守其立论，不论你如何进攻，对方只用几句话来应付。这时如果仍然采用正面进攻的方法，必然收效甚微。在这种情况下，就要尽快调整进攻手段，采取迂回的方法，从看来并不重要的问题入手，巧设陷阱，诱使对方离开阵地并落入圈套，逼其就范。

党太尉想要画像，请来一名画匠。画匠估计了一下颜料等费用，说需要几两银子。吝啬刻薄的党太尉一听说要几两银子，脸一沉，非常不高兴，因此而辞退了好几个画匠。

最后，有个画匠知道了他舍不得花钱，就一切从简，计划了一下，对党太尉说道：

“只用白纸一张，毛笔一枝，墨一锭，足够了。”

党太尉一听，分外喜悦，问道：“怎么画法？”

画匠说道：“画一顶黑纱帽，身穿黑袍子，犀牛角带子，黑靴，侍从人员画成黑番童。”

“妆什么颜色？”太尉问道。

“在旁边画一张黑漆桌子，斜歪着脑袋趴在桌上就行了。”

党太尉一本正经地说道：

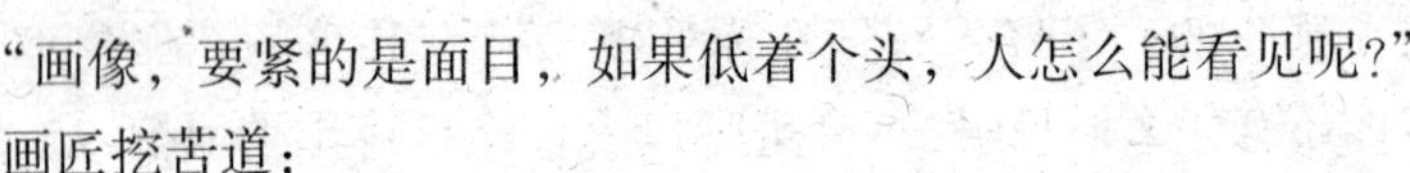



“画像，要紧的是面目，如果低着个头，人怎么能看见呢？”

画匠挖苦道：

“你这样的嘴脸，还要见人干什么？”

由于这种“设陷术”具有较大的迷惑作用，法庭上的法官和律师也常常用来诘难罪犯。

设陷术就是在某些话语中暗藏着某一企图，精心设置一个圈套让对方去钻。通过这些话语引起对方按照你所希望的要求做答，从而自然地露出破绽和落下话柄，正好为你批评和反驳对方所利用，成为一支射向对方的利箭，一下就击中了对方的要害，使对方束手就擒。

（3）请君入瓮，争得主动权

明代戏曲家汤显祖曾经在浙江遂昌县任县令。县境内有个村子紧傍高山，山高林密，常有老虎出来伤人，老百姓纷纷请求县令灭除虎害。汤显祖当即派人上街，鸣锣招募乡勇进山灭虎，但没有一个人应招。仔细一打听，原来县里有个“皮神仙”，胡说什么虎伤人是天上神虎下凡收人，大家都怕打虎受到天神的处罚。正说话间，只见皮神仙贼眉鼠眼来到汤县令跟前，问：

“听说老爷要聚众灭虎，不知可是真的？”

“老虎伤人害畜，肯定要除掉！”汤显祖回答。

皮神仙神神秘秘地说：“天降神虎下凡，惩罚恶人，千万不能乱杀。死在虎口的都是天命注定，不是前世留下冤孽，就是今生做了坏事，行善积德之人，就是放在虎口老虎也会避开，不会伤他！”

汤显祖厉声喝道：“那就将你放在虎口试试看，看看你到底是善人还是坏蛋！”

皮神仙听了，吓得屁滚尿流，忙大声呼叫：“要不得，要不得，我还想多活几年！”说完，就连忙溜走了。

“什么屁神仙，不过是骗饭吃的老鳖！”人群里响起了一片讥笑声。

轰走了皮神仙，人们争着报名应招，成立了一支四十多人的打虎队，不到一个月虎患就平息了，老百姓过上了平安日子。

汤显祖紧紧抓住皮神仙的“行善积德之人，放在虎口，老虎也不敢伤他”的话，以其人之道，还治其人之身，不失时机地发起攻击，要将

皮神仙放在虎口，彻底地揭穿了他的鬼把戏。汤显祖这里使用的就是反守为攻的方法。

请君入瓮是一种制服对手的有效方法，关键在于善于抓住对手的致命点，然后不失时机以此去反击对手，便可立即置对手于死地。

## 9. 刚言硬语，掷地有声

（1）刚言的威力

1997 国际大专论辩会总决赛上在关于“真理越辩越明”的论辩中，首都师范大学（正方）四辩有一段充满浩然正气的总结陈词：

宇宙浩瀚无边，百万年的历史也不过沧海一粟，但人类就在这沧海一粟中认识自然，改造自然，创造出今天的世界，这恰是人们不懈地探寻真理，缅怀真理，运用真理，传播真理的结果。人类的理性就是要追求真理，追求和平、自由、民主，人类的精神就是要反对谬论，反对禁锢视听，愚民政策，以势压人。为了这个世界的真善美，人们甚至以殉难的精神高扬这样的信念：要为真理而斗争。

这段辩词慷慨激昂，气势恢宏，它回顾了人类追求真理、捍卫真理的史实，且采用了一系列排比抒情造势，高扬了辩者要为真理而斗争的坚强信念，深切感人，对方不能不为之慑服。

刚言慑服既要有“理”，又要有气势，还要讲究语言的修饰。

使用刚言硬语有两个特点：

①刚毅生威

言者临危不惧，神态刚强，能表达强烈的正义情感，产生巨大的震撼力。

②严辞雄辩

刚言出口，理直气壮，义正辞严，铿锵有力，有闻之震耳、以正压邪的作用。这种特殊的表达论辩功能，是柔言所望尘莫及的。

义辞的力度如何，并不在于“嗓门高、口气冲、措辞烈”，关键在于是否在“理”，锋芒能否打在对方的要害处。

（2）使用刚言硬语时要自信

在使用刚言硬语时也要讲究一定的方法。

①刚言硬语要有大无畏的刚毅精神

论辩中无私无畏的胆略，是为真理而战的意志表现。意志是辩者为了实现预定的论战目的而自觉努力的一种心理过程，这是刚言硬语取得胜利的心理素质的保证。刚言硬语者的意志必须体现出目的性和顽强性的特征。

论辩意志，是取得辩胜的一种极为重要的心理因素。意志品质如有某种薄弱之处，应通过说辩实践的锻炼，使之获得改善和增强。

②刚言硬语需要过硬的思想

俗话说："打铁先得本身硬"，只有刚毅之士，才能讲出刚毅的话语，说话才能底气十足。

刚言硬语，以势夺人，并不是空洞的大话的堆砌，不是危言耸听，也绝不是用带有侮辱性的词语来詈骂对方。这里的刚言硬语，是明确地表现出自己的立场，表现出对问题的明确看法，表现出对真理的掌握和过硬的思想，表现出自己的信心和力量。

③刚言硬语要有气势磅礴的力度

1898 年，自称为"天下第一大力士"的俄国武士在天津表演，出口不逊，叫嚷"打遍天下无敌手"、"让东亚病夫开开眼界"……霍元甲怒火中烧，纵身上台，说："我是'东亚病夫'霍元甲，愿在这台上当着众人的面与你较量，怎么样？中国人比武有两种方法：一种是君子斗，一种是小人斗，前者不伤人，后者要见血。就看你要哪一种？"这时，翻译上前悄悄向俄国武士介绍霍元甲的厉害。俄国武士顿时矮了半截，忙说刚才的演说都是夸张宣传，为的是挣钱混口饭吃。霍元甲征服俄国武士的这番话，气势磅礴，咄咄逼人。在俄国武士高叫"东亚病夫"时，霍元甲首先一句"我是'东亚病夫'霍元甲"，口气沉稳，气度非凡，先挫对方的狂妄气焰。而后提出"当众较量"，咄咄逼人，从心理上征服对方。最后，使用一个问句："君子斗，还是小人斗？"显示其稳操胜券的十足信心，终于彻底瓦解了对手的精神支柱。

刚言硬语中若气势不充沛，真理在握却低声下气，义愤填膺却不痛不痒，胸有成竹却患得患失，那么，论辩中就会"立"得不显，"驳"

得无力。论辩固然先要“理直”、“义正”，才能“气壮”、“词严”，但“气不壮”、“词不严”，“直”理和“正”义也难以充分展现。所以，刚言硬语要注重气势，要有气势磅礴的力度。

④刚言硬语的心理基础是“自信”

某个工人因为违反厂纪，被开除出厂。他不服气，拿着一把斧头找厂长算账，质问厂长：“为什么开除我！”

厂长神色泰然，态度强硬地说：“凭你一年没有上班！”

那个工人举着斧头恶狠狠地说：“你开除了我，这把斧子可不是吃素的！”

厂长异常愤怒，毫不相让地说：“你要干什么！告诉你，斧子吓不倒我！要是怕，我就不当这个厂长了！你想过这样做的后果吗！”

在厂长义正词严的断喝下，那个工人被震慑住了，斧子“当啷”一声掉到了地上。

论辩是由于双方观点不同才成为必要。因此，从一开始就必须自信，坚持我方必胜、对方必败的信念。当然，这种自信是有事实和真理作根据的，并非主观臆断或盲目乐观。只有自信，才能在刚言硬语中发挥主动性；只有自信，才能使刚言硬语语言产生征服对方的力量。

（3）使用刚言硬语的技巧

在论辩中，有些人有刚言硬语的胆略和勇气，但却缺乏运用“刚言硬语”的技巧。许多人遇到有人寻衅滋事，他们只会横眉怒目，义愤填膺，一肚子强词力语倒不出来，即使说出几句也是语无伦次，软弱无力，不痛不痒。怎样表达才有“刚”劲和“硬”度呢？

一是要掌握“内紧外拙”的原则。遇事要沉着冷静，要养成处险不惊，临危不惧的大将风度。越是情况紧急，越要表现出强者的神态，要有敢于斗争和战胜对手的坚强信心。神态自若本身就给对方施加了强大的心理影响；从精神上压倒对方，这就为刚言出口创造了有利条件。

二是善于攻其弱点。无理取闹者本身就不得人心，要利用其色厉内荏的弱点，据理攻心。有时要抓住对方语言上的漏洞发起攻势，造成自己的优势和坚强地位，把对方置于被动挨打的位置，使其不敢鲁莽行事。

某地区纪委书记查处了一些县级干部私占房子的问题。一位县委书记的老婆和儿子闯到他们家无理取闹，气焰十分嚣张。

纪委书记见劝告不听，马上把脸一沉，以威严的目光盯着他们说："你们好猖狂！竟敢跑到纪检干部家里闹！你们吓不倒我！实话对你们说，没有金刚钻，不揽瓷器活，我既然当了纪检干部，就准备好了有一天在这个岗位上倒下去！我死了，还可以算个烈士，你们却要遗臭万年！我希望你们给县委书记留点面子，他还是党的干部，难道为了几间房子，就让他晚节不保，站到党的对立面上去？"

母子俩一愣之后，低着头溜走了。

三是在用语上，要注意选用一些十分有劲的带"骨头"的词句。语句要短促，语势要凌厉，发声要有力，态度要威严，要有斩钉截铁、拔剑砍地之势，有响雷轰顶、震人魂魄之感。这样才能使之震颤，进而产生"挽奔马于悬崖，揽狂涛于险岸"的效果。

最后，运用刚言硬语应把握分寸，摸清对方心理，因人而异。运用刚言硬语不是为了耍威风，把矛盾激化，而是为了转化矛盾，以"不战而屈人之兵"，进而达到解决问题的目的。因此，刚言硬语不是说蛮话、激话、脏话。如果硬过了头，刚言变成了"激人之语"、"将人之语"，那就会使矛盾恶化，产生危险的后果。假如纪委张书记面对那青年的拳头，运用激话："你打呀？你打呀？我谅你没有这个胆量！"那就可能激出人命来。

所以，刚言要做到硬而不激、威而不逼。特别是处理人民内部矛盾，还要注意尊重对方的人格。火候一到就要给人以台阶，让人家体面下台，使矛盾圆满解决。

## 10. 反布疑云，出奇制胜

(1) 反布疑云的应用

伤疤是许多人不能碰触的伤口。如果我们真的有一些疮疤，而这些或者这个疮疤又被别人当众揭露了出来，那我们应该怎么办？

赫鲁晓夫曾经是斯大林非常信任和器重的人，但在一次党的代表大

会上，他却声色俱厉地指责斯大林的错误。听众们不禁窃窃私语，说“既然你早就认识到了斯大林的错误，为什么你当时不阻止他呢？你有没有参与这些错误行动？”而且正在这个时候，有人从听众席上递来一张条子。赫鲁晓夫打开一看，上面写着：“那时候你在哪里？”这是一个非常尖锐的问题，但是，他无法隐瞒这个成千双眼睛盯着的条子，不能回避这个全苏联人民都在关注的问题。赫鲁晓夫沉思了片刻，拿起条子，大声照实念了一遍，然后望着台下大声喊道：“谁写的这张条子。请你马上站起来，走上台。”没有人站起来，所有的人心怦怦地跳，不知赫鲁晓夫要干什么。写条的人更是忐忑不安，后悔极了，甚至想到了最可怕的结局。赫鲁晓夫重复了一遍他的话，但是整个会场仍然一片极度不安的寂静，没有人敢动弹一下，似乎都在等待着某一种爆发。几分钟过去了。赫鲁晓夫平静而有力地说：“好吧，我告诉你，我当时就坐在你现在的那个地方。”

看着台下一片肃穆，赫鲁晓夫松了一口气，不禁有了一点得意的神色。

赫鲁晓夫即席创造了这个众人皆知含义的场景，既含蓄又清楚地说出了答案，维护了自己的威望，避免了文过饰非的嫌疑。同时，这一场面也道出了人性共同的弱点。

隐私是许多人不愿碰触的另一块领地。

在拥挤的公共汽车上，一个人的脚被重重地踩了一下，发出一声惊叫声：“哎哟！脚踩了！小心点！”于是，另一个粗野的声音在车厢里回响起来：“嗬！娇贵！轿车上不会有人踩脚，谁叫你坐这车来着？”

对这一无理行径，我们可以懒得计较，但是，如果被踩的人实在生了气，也可以用反问直诘的方法予以回击：“好！想坐轿车？那你把满车的人都踩跑，再一个人坐这辆最大的轿车如何？”

需要注意的是，我们应该因时因地慎用这种方法。例如在有些公开场合，有人或别有用心或不明就里当面揭你的疮疤，如果你去直接解释，大概没多少人会原谅你，况且在自己的错误上纠缠更会越搞越糟。这时，你可用比喻、暗示等。让大家为你设身处地体会你当时犯错的情景。

（2）打破思维束缚，出奇制胜

在某地举行的“五四”青年论辩赛中，甲、乙两方就“宁做铺路石，不做出头鸟”的命题展开了论辩。

上午，作为反方的甲方通过摆事实、讲道理，充分地证明了这一命题的错误，并由此而获得了评委和观众的一致好评，取得了决赛权。但出人意料的是，下午决赛的命题仍然是“宁做铺路石，不做出头鸟”，所不同的是甲方却由反方变成了正方。出题者既刁亦“奇”，这一下几乎所有的人都为甲方捏一把汗，因为甲方在上午的论辩中既然已充分论证了这一命题的错误，那在下午的论辩中总不好出尔反尔，又说它是一个正确的命题吧。大家拭目以待。

作为甲方来说，似乎陷入了绝境，要为一个自己所否定过的命题去辩护是多么困难啊，不仅于情于理不合，而且这种前后的矛盾，也必将会贻笑大方。但他们又不甘心俯首称臣，便急中生智，想：任何一个判断，真的并非就是对的，假的并非就是错的。上午我们证明的是命题的对错，并未涉及到这一命题的真假。于是他们决定，决赛中就论证命题的真假，即“宁做铺路石，不做出头鸟”是真实的命题，还是虚假的命题。

于是，在下午的论辩决赛中，甲方便突发奇招：

上午，我们论证了“宁做铺路石，不做出头鸟”的正确与错误，我们认为它是一个错误的命题。但是，这个命题是真实的命题，还是虚假的命题呢？也就是说，这个命题是反映客观、真实存在的命题呢？还是不反映客观的、凭空想象的一个命题呢？下午我们将作为正方来论证这个问题……

甲方的观点一亮，不仅出乎观众和评委的意料之外，更出乎乙方的意料之外。乙方全力准备的是要反驳甲方认为命题是正确的观点和论据，而对甲方现在的论证角度毫无准备，这样一来，阵脚自乱，只能仓促上阵，草草应付，虽不甘心，却也只能接受失败的事实。

甲方这种做法是否合乎规范我们姑且不论，但他们确实打破了固定的思维模式，从一个全新的角度发动进攻，使论敌毫无准备，难以抵抗，从而出奇制胜。当然出奇制胜要做到有理、有利、有节，不能随心

所欲乱来。

出奇制胜就是要冲破习以为常的认识范围，打破因循守旧的思维习惯，用对方想象不到的策略和方法发起进攻，使之猝不及防，从而获胜。出奇制胜重在一个“奇”字上，一是论辩策略、手法要奇；二是时机把握要准；三是语言要鲜明、准确、有力。

## 11. 迂回出击，出其不意



迂回出击，就必须熟悉对方，抓住对方思想、品行、历史等方面与他的论点矛盾冲突之处，然后针对要害给以致命的一击。

古时讲究一臣不事二朝，一女不事二夫。

清兵南下时，南明弘光小朝廷的礼部尚书钱谦益率先投降。降清后，他的一个外甥女因夫死再嫁，依照当地习俗，再嫁的婚礼上没有鼓乐之声。外甥女的婚礼，母舅当然应该参加。但是，钱谦益见了外甥女，不记得“一臣不事二朝”，只想起了“一女不事二夫”，于是借景大发感慨：“前次贺喜鼓乐喧天，今日贺喜冷冷清清，两次婚礼竟有这么大的差异啊！”

外甥女知道舅父嘲笑她改嫁之事，于是她针锋相对地说：“想舅父前次来贺，身着纱帽圆领（明朝官服），如今却是朝珠补挂（清朝官服），两次贺喜也竟是这样不同！”

钱谦益当即羞愧万分，无言以答，回到家里，竟然病了三个多月时间。

人们对于自己的不能见人的老底是噤若寒蝉的。对于冒充好人的人，我们完全没有必要和他饶舌。

自视有教养、有身份的人，一般来说不会不存自尊自爱之心。与这些人发生口舌之争，只要指出他们的身份，他们一般来说就会自知理亏，偃旗息鼓。

对付倚老卖老的人，我们也不妨运用这一方法，从而达到说服的目的。

一辆乘客爆满的电车上挤上来一位老太太，一位先生于是起身让

座，老太太一声不吭地坐了下去，半天都没有一丝谢意，叫旁边的乘客都露出了鄙夷的神色。这时，只见那位先生说话了："您刚才在说什么呀？"听老太太说她没说什么，那位先生又补了一句："对不起，我还以为您在说'谢谢'呢！"老太太意识到了自己的无礼，不禁像小姑娘一样，羞得满脸通红。

有些情况下我们不能直接攻击对方，这时候我们可以考虑选择迂回出击的方法，以达到出其不意的效果。

## 12. 明确利害，善意威胁

战国时期，齐国有个叫张丑的人，被送到燕国当人质。不久，齐燕交恶，燕王便打算把张丑杀了。张丑得知消息，连忙逃跑，但不幸的是，在边境上还是被守卫边境的官吏抓住了。

官吏对张丑说："你是逃犯，必须将你抓去面见燕王！"

张丑说："你们知道燕王为什么要杀我吗？是因为有人跟燕王说，我有一颗宝珠，燕王一心想得到我的宝珠，可我的宝珠已经丢失了。燕王不相信，以为我在欺骗他，没法子，我只好逃跑。现在你抓住了我，还要把我交给燕王，我在燕王面前就会说是你夺去了我的宝珠，吞到你的肚子里去了。燕王为了得到宝珠就一定会把你杀掉，剖开你的肚子，把你的肠子一寸一寸地剪断来寻找，这样我活不成，同样你会死得更惨。"

官吏一听，知道了将张丑送交燕王的严重后果，非常恐惧，连忙将张丑放了，于是张丑就平安地回到了齐国。

要晓以利害，从心理上威慑对方，取得论辩胜利，自己必须对其中的利害得失有深刻的了解，成竹在胸，这样才能真正打动对方，取得共同的认识。

晓以利害的同时经常有善意的威胁。这种威胁不等同于简单的吓唬。它的含义是：如果这样，或者不这样，就会产生那样的后果。

一个旅行团风尘仆仆地赶到事先预定的旅馆，却被告知当晚因工作失误，原来订好的套房（有单独浴室）中竟没有热水。为了此事，旅

行团领队和旅馆经理之间有了这么一场对话。

领队说："对不起，这么晚还把您从家里请来。但大家满身是汗，不洗洗澡怎么行呢？何况我们预定时说好供应热水的呀！这事只有请您来解决了。"

旅馆经理说："我也没有办法。锅炉工回家去了，他忘了放水，我已叫他们开了集体浴室，你们可以去洗。"

领队说："是的，我们大家可以到集体浴室去洗澡，不过话要讲清，套房一人 50 元一晚是有单独浴室的。现在到集体浴室洗澡，那就等于降低到通铺水平，我们只能按照通铺标准，一人降到 15 元付费了。"

经理连忙说："那不行，那不行的！"

领队说："那只有供应套房浴室热水。"

经理说："我没有办法。"

领队肯定地说："您有办法！一是把失职的锅炉工召回来；二是您可以给每个房间拎两桶热水。当然我会配合您劝大家耐心等待。"

这次交涉的结果是经理派人找回了锅炉工，40 分钟后每间套房的浴室都有了热水。

威胁能够增强说服力，但是，在具体运用时注意态度要友善，道理要说明，威胁程度不能过分，否则反会弄巧成拙。

值得注意的是，并不是所有的人都能善用威胁。究其原因，就是态度不够友善、后果讲得不清，威胁程度过高。所以，运用这一方法劝说别人的时候，我们所使用的威胁不能是真的威胁，而是以此使对方懂得利害关系，产生恐惧感，以增强劝说的效力。以威胁进行劝说，威胁只是手段，而不是目的。威胁应该主要放在对于可怕后果的说明上，这样才能起到说服作用。

在使用这种方法时要注意下面两点内容：一是低程度的威胁很难说服人，因为听众不害怕，对于听到的威胁往往会一笑置之；二是如果过分夸大其词，便会弄巧成拙。因此还要把握好威胁的度。

## 13. 软中带硬，以柔克刚

下面是2000年全国大专论辩会关于“现代社会男人更累/现代社会女人更累”辩题中的一段辩词：

正方二辩：那台湾的男人是不是正在承担家务劳动呢？

反方三辩：台湾男人承担家务劳动，女人也有。

正方二辩：好，既然男人和女人在现代社会共同肩负社会工作和家务劳动，那为什么说女人一定比男人更累呢？

反方三辩：因为女人做事比男人多。女人平均一天要做7～16个小时，而男人只工作7～10个小时。如果她是职业妇女那就更糟糕，每天得再做2个小时的家庭工作，男人轻松得不得了。（掌声）

正方二辩：再请问对方辩友，现代社会女人的地位是否有所提高？

反方三辩：当然有提高。

正方二辩：男人的地位已经相对下降，但女人对其要求是相应提高，那么你认为男人不累还是更累呢？

反方三辩：男人由于地位没有像以前如此崇高，所以社会也不会像以往一样苛求男人做更多。（掌声）

正方二辩：还是请问对方辩友，既然现代社会女人争取到如此众多的工作权力和工作机会，反而变得更累，那妇女解放运动到底为女人解放了什么呢？

反方三辩：她们不过是要平等，但她们还是更累。谢谢大家！（掌声）

正方香港中文大学队二辩周寒立选择了反方台湾东吴大学队三辩范凯云作为进攻对象，正方本想以严密的逻辑层层推进，将对方步步逼近“男人更累”的圈套里去。面对周寒立的穷追猛打和逼人气势，范凯云并不像一般男选手那样慷慨激昂，针锋相对，只是幽幽地、真诚地、发自内心地讲述事实和道理——女人就是累。周寒立的攻击像拳击手的重拳，力有千钧；而范凯云的回答则是太极拳，看似软绵绵，却绵里藏针，一一化解了对方的强大攻势，并给予了有力回击。

1984年9月，前苏联外长葛罗米柯访问白宫时，曾开玩笑似地对美国总统里根夫人南希说："请贵夫人每天晚上都对里根总统说句悄悄话——和平。"言外之意是里根总统头脑不够冷静，往往做出有损于世界和平的事。

对此，南希回敬说："我一定那样做，同时希望你的身边也能常常吹出这样的'枕边风'。"葛罗米柯听后，心领神会，微微一笑。

葛罗米柯和里根夫人的妙语，都在含蓄之中藏着三寸钢针，一个刺得好，一个扎得妙。听似玩笑，实则真言。

为了更好地使用这一方法，下面介绍几种常用的技巧。

（1）用温和的语言表达自己强烈的不满

有一次，有位外交官偶然看见美国总统林肯在擦自己的靴子，他问："呵，总统先生，你经常自己给自己擦靴子吗？"这句话中显然带有讽刺的口吻，作为外交官，这种口吻会使听话的人感到难堪。

林肯却不动声色地回答："是啊。你经常是擦谁的靴子呢？"

这话回答得非常妙，表明了自己的人格尊严，而且给对方一记反击。这是尊者对卑者的回答。

有一次，马克·吐温应邀赴宴，席间对一位贵妇说："夫人，你太美丽了！"不料那妇人却说："先生，可是遗憾得很，我不能用同样的话回答你。"头脑灵敏、言辞犀利的马克·吐温笑着说："那没关系，你也可以像我一样说假话。"

绵里藏针，话里藏话，总体上有两个基本功。一是能够听出对方的弦外之音，恶毒之意，否则便会成为笑柄，白白赔了笑脸。二是要委婉含蓄地表达自己，话说得很艺术，又让听话之人心领神会，明白你话中的锋芒所在。

使用绵里藏针的方法，首先是注意巧用敬辞或者委婉语，适当使用反问句；关键在于我们的针要硬，又要扎得准，真正击中对方的要害，使其有所顾忌，知难而退。

（2）先说软话再说硬话

秦朝末年，楚霸王和刘邦争夺天下。损兵折将攻破外皇城，楚霸王下了一道命令，要活埋城里15岁以上的男子，因为这些百姓曾帮助汉

军守城。在这紧急关头，有个13岁的小孩求见楚霸王。楚霸王问小孩为什么敢来见他，小孩说："大王常说自己是百姓的父母，我是百姓的一员，当然是你的孩子了。孩子想念父母，难道都不敢见一见吗?"楚霸王转怒为喜，要小孩直说。这个小孩子是陈述了屠城的严重后果："如果其他地方的百姓听说您会坑害投降的百姓，就不会开城迎接，而会拼死抵抗，这样你处处受敌，要攻占地盘就得付出更大的代价。"楚霸王想想也是，于是打消了屠城的念头。

先说软的，可以在强敌面前取得进一步论辩的机会；再说硬的，就可以显示一些威胁的力量。软的为绵，硬的为针，是为绵里藏针。

春秋时期，秦国准备袭击郑国，秦军走到卫国的时候，消息却被郑国的商人弦高知道了。弦高打算劝秦国主将改变主意，于是给秦军送去四张牛皮和十二头牛，还对秦军的主将说："我国国君听说您将率军经过敝国，特地派我来犒劳您的随从。"其弦外之音是：你们想偷袭郑国，但郑国已经有了防备。由于秦强郑弱，所以郑国派出使者犒劳秦军，以尽礼节。如果秦国不识相，那就只好拼个鱼死网破了。秦军的主将当然明白这个明摆着的意思，于是放弃了对郑国的攻打计划。

(3) 选择庄重风趣的语言

有一次，一个美国记者同周恩来总理谈话时，看到桌上有一支美国派克钢笔，就带着几分讥讽的口气问："请问总理阁下，你们堂堂中国人，为何还要用我们美国的钢笔呢?"听出了他的言外之意，周总理庄重而又风趣地答道："提起这支钢笔，话就长了，这是一位朝鲜朋友的抗美的战利品嘛，作为礼物赠送给我的。我无功不受禄，就拒收。朋友说，留下做个纪念吧。我觉得有意义，就收下了贵国这支钢笔。"那个记者听后，露出一脸窘相，怔得半天时间也没有说出话来。

风趣显风度，庄重显力量。在论辩中做到既庄重又风趣，可以叫对方无力招架，自叹弗如。庄重为绵，风趣为针，是为绵里藏针。

在人际交往中，有时由于双方身份不同，可能使一方处于十分不利的地位。当势力强大的一方故意发难时，弱方用硬碰硬的办法与之争斗是会吃亏的，要想坚持原则又能获取胜利，最好的办法就是以软击硬，绵里藏针，用含而不露的口才去战胜对手。

## 14. 巧设条件，迂回攻击

(1) 迂回攻击能解决难题

一个语文老师，他的弟弟发生民事纠纷，别人要与之对簿公堂，这桩案子恰好由他已经做了法官的昔日得意门生处理。一个晚上，老师挺自负地来到学生家，希望学生念师生情谊帮帮忙。

法官不能枉用三尺，又不能得罪恩师，于是说："您是我最钦佩的一位语文老师。"

老师谦虚地说："哪里哪里，每个老师都有他的长处。"

法官接着说："您上课抑扬顿挫，声情并茂，尤其是上《葫芦僧乱判葫芦案》那一课，至今想起来记忆犹新。"

老师进入角色，高兴地说："我不仅用嘴在讲，简直用心在讲。犯了人命案的薛蟠逍遥法外，反映了封建官僚官官相护、狼狈为奸的黑暗现实。"

法官感叹地说："贾雨村徇情枉法，真是胡乱判案啊。记得当年您在课后告诫学生们，以后谁做了法官，不要做糊涂官，判糊涂案，学生我一直以您这句话作为自己的座右铭呢。"

话说到这个份上，老师也只有点头称许，为弟弟设计好的一大套说词便不好意思出口了。

分量不轻的高帽子一戴，"坏人"做坏事都会有所收敛，何况是本性善良的人。日常论辩如此略攻心，对方也容易从荒谬中醒悟过来。

当对方求助于我们，而我们又力不能及，那我们只能给对方以足够的面子，先应承下来，再提出一个显得勉强的方法，由对方决定是否接受。这不是说反话。

俄国著名钢琴家鲁宾斯坦做过这样的事情。

那是鲁宾斯坦的一次巴黎钢琴演奏会期间，一位贵妇人找到他，以一副傲慢的口气说："伟大的钢琴家，我真羡慕你的天才，可是票房的票已经卖光了。"

鲁宾斯坦手中也没有票，又不愿给演奏举办者增添麻烦，当然不想

答应她的要求，但是，他没有直接拒绝，而是平静地答道："遗憾得很，我手上一张票也没有。不过，在大厅里我有一个座位，如果您高兴……"

贵妇人非常兴奋，打断他的话，满怀希望地问道："那么，这个位置在哪里？"鲁宾斯坦答道："不难找啊，就在钢琴后面。"贵妇人于是知趣地走开了。

先口头认可某一个荒谬的问题，再找出一个与之相类似的另一个荒谬的问题进行反驳，就可以轻松达到否决第一个问题的目的。当然，如果第一个问题容易被驳倒，那么我们就不必绕这么一个大弯子。

（2）用复杂问句巧设条件

论辩中的复杂问句就是运用一种隐含着某个虚假的预设而要求对方回答的问话，对方不论怎样回答，都得承认这个虚假的预设，使论敌陷入困境，进而将论敌驳倒的方法。

在首届中国名校大学生论辩赛中关于"流动人口的增加有利于城市的发展"的论辩中有这么一节论辩：

正方：对方同学矛盾了！开始说城市的发展不要流动人口就会有害我们的发展，一会儿又说不要没有流动人口的城市，请问这一矛盾如何解决呢？

反方：这一矛盾非常好解决。我们的问题是流动人口的增加不利于城市的发展，我们何曾说过流动人口不利于城市发展了？

正方：对方辩友自己也承认自身有矛盾了。

正方复旦大学队一句复杂问语"这一矛盾如何解决"，引出了反方"这一矛盾很好解决"的回答，复旦大学队则由这一回答，得出对方自己已承认自相矛盾的结论，表现出非凡的论辩才能。

# 第四章　论辩防守技巧

## 1. 金蝉脱壳，避开锋芒

林肯在学校读书时，有一次考试，老师问他："林肯，这里有一道难题和两道容易的题目，由你任选其一。"林肯说："我就考一道难题吧。"老师说："好吧，那么你回答鸡蛋是怎么来的？"林肯答道："鸡生的呗。"老师又问："鸡又是哪里来的呢？"林肯知道鸡蛋是鸡生的，鸡又是鸡蛋孵化的，问题的答案是循环往复，没有穷尽的，如果继续论辩下去，将会处于被动的地位，于是赶紧借助对方的回答一个问题的条件，声明道："老师，这是您提的第二个问题了。"林肯通过紧紧抓住对方提供的条件，终于巧妙地摆脱了困境。

当我们发现自己在论战中处境不利时，也不妨虚晃一枪，转移对方的注意力，借以迷惑对方，得以隐蔽地转移或撤退。这就是论辩的经典技法——金蝉脱壳，它是一种绝妙的困境解脱术。

在 1993 年国际大专论辩会中，复旦大学队辩手严嘉就曾多次采用此法来为己方摆脱困窘。下面与悉尼大学队关于"艾滋病是医学问题，不是社会问题"论辩中的一段辩词：

正方：请问，成百上千的医务工作者在研究，这只是在寻找钥匙吗？

严嘉：我们不能仅仅让医学来参与！在非洲很多地方，艾滋病已经导致了"千山鸟飞绝，万径人踪灭"，还要让医学这个"孤舟蓑笠翁"来"独钓寒江雪"吗？

正方悉尼大学队提出的反诘是很有力度的，广大医务工作者所从事的工作是庄严神圣而又极为艰辛的，并不是像寻找钥匙那样轻松，严嘉深知就这个问题与对方论辩只有被动，于是他又巧妙地避其锋芒，金蝉

脱壳，避而不谈医务工作者的努力和艰辛，引用几句古诗，不仅转移了对方的进攻目标，还很巧妙地印证了己方的论题。

富兰克林·罗斯福当总统之前，曾在海军里任过要职。

一天，一位外国友人向罗斯福问及在一个小岛上建立潜艇基地的计划。

罗斯福看了看四周，压低声音说："你能保守机密吗？"

"当然能。"友人回答说。

罗斯福微笑着说："我也能。"

建立潜艇基地，属于军事机密，当然不能泄漏。面对友人的询问，罗斯福没有直接拒绝回答，机智地诱导友人表示可以保密，以此封住友人的口，再话锋一转，表示自己也可保密，巧妙地摆脱了困境。

甲："我想知道，对这个问题贵国所能采取的最后措施是什么？"

乙："请阁下相信，我们最终是会解决这个问题的。而我倒真的有点担心，如果贵国的反政府运动继续发展下去，贵政府是否仍具有维持现行统治的能力。"

甲希望知道乙所能采取的最后措施，乙方在当时的条件下难以宣布，便答以一句"我们最终是会解决这个问题的"，轻轻带过。然后转移到另一个话题上。这样精巧转移，利于自己脱离窘境。

一对农民夫妇都知道蛋能孵鸡，鸡能生蛋，于是准备办个养鸡场发财。他们对养鸡业能发家致富这一点认识是一致的，对世界上先有鸡还是先有蛋的问题毫不在意，在意的是先买鸡生蛋，还是先买蛋孵鸡。

这直接关系到今后的经济效益，当然是一个有实际意义的必须认真分析辩说的问题。

丈夫说应该先买鸡生蛋，因为时下正是母鸡产蛋的旺季。妻子说应该先买蛋孵鸡，因为家里孵房已经齐全，而且时下饲料紧缺，难以满足大鸡的需要。丈夫终于明白，在这个是鸡先行还是蛋先行的问题上，以养大鸡或孵小鸡的优越条件作为理由进行争辩。

这就抓住了争辩应该抓住的焦点：鸡固然是生蛋的必要条件，蛋也是孵鸡的必要条件，但必要条件不等于充分条件，有了蛋并不一定能有鸡（蛋在孵房里才能变成鸡），有了鸡并不一定能生蛋（需要充足的饲料喂养才有可能生蛋)。这些孵房、饲料等附加条件具备与否，才是需要首先弄明白的地方。妻子于是说服了丈夫。

## 2. 发挥优势，有力防守

苏维埃政权建立后，有人向著名诗人马雅可夫斯基发难，说："马雅可夫斯基。你为什么手上戴戒指？这对你不合适。"

诗人回答说："照你的说法，不应该戴在手上，而应该戴在鼻子上喽?"

有人又贬损他的诗，说："马雅可夫斯基，你的诗不能使人沸腾，不能使人燃烧，也不能感染人。"

诗人道："我的诗不是大海，不是火炉，也不是鼠疫。"

这个例子中，对方的提问分明是一种挑衅，是无理的，但如果马雅可夫斯基采用正面解释的方法，就会显得消极无力，而现在这样积极防御，等待机会反击的方法，显得十分有力。针对第一个提问，他撇开真正要他回答的内容，幽默地把话题重心转移。在回答第二个问题时，他的幽默反驳的力度由小及大，最后指出我的诗"不是鼠疫"，既维护了自己诗的尊严，又狠狠驳斥了尖刻的提问者。

在论辩中，进攻和防守是相对而言的。也就是说，进攻之中有防守，而防守之中也有进攻，防守只是针对进攻而言的。所谓防守，是指当己方遭受进攻时，以应答为主要手段，维护己方立论，巩固己方阵地的一种论辩战术形式。

论辩中的防守大体有两种形态：

一是主动性防守。主动性防守就是从论辩的全局需要出发，有计划实施的防守计划，目的是确立和强化己方观点，为下一步的进攻积蓄力量。这种防守通常是进攻的前奏，或进攻的继续，是论战部署中的有机组成部分和有效战术方式。

另一种是仓促性防守。仓促性防守是指在双方的对抗中，由于己方在战略谋划上失当，或在战术上失误，导致被动，在强大攻击的压力下，己方不得不采取的一种退守战术。显然，后者是处于困境时的一种

不得已的选择，如果不能设法摆脱这种状态，就会越陷越深。

在论辩中，当己方处于防守态势时，应坚持如下原则：

（1）发挥优势

处于防守状态时，尤其要注意发挥己方的优势，如己方立论的优势、论据的优势、地理环境优势、辩手搭配优势等。应凭借优势，在己方的优势上突破，顶住对方的攻势，固守防线。

（2）积极防守

论辩时防守者要能经受住打击，特别是在仓促防守的状态下，斗志不能垮，尤其是要克服消极防守的思想，要尽量用强者心态看待防守，把防守作战当成进攻的转化形式，采取得体而有力的措施，继续谋求论战的主动权。

（3）灵活机动

论辩防守决不能消极应战，死守阵地，而是要审时度势，机智灵活，积极创造条件，采取多种手段，与对手进行周旋。应不断变换战略战术，看准机会主动出击，彻底摆脱被动局面。如同踢足球，只有进攻才能得分，再出色的防守也只能防止对手进球，避免丢分，防守不会使己方取胜。因此，高明的论辩者，会将防守转化为进攻。

## 3. 装装糊涂，伺机反扑

大智若愚，就是指论辩者原本足智多谋，却装作自己很愚蠢，即智而示之以愚，能而示之不能，用这种手段来欺骗对手，争取主动，进而取得论辩胜利。凡是运用大智若愚方法取得论辩成功的，往往表现出一种更冷静的思考、更坚强的忍耐、更高超的论辩艺术。

有一次，著名学者辜鸿铭先生乘汽车坐在座位上，叠着脚欣赏着窗外景色。半路上上来了几个年轻的外国人，对辜先生身穿长袍马褂、留着小辫的形象评头论足，很是不恭敬。辜先生不动声色地从怀里掏出一份英文报纸从容地看起来。那几个洋人伸长脖子一看，不禁笑得前仰后合，连声嚷道：

"你瞧，这个中国白痴，不懂英文还要看报，把报纸都拿反了！"

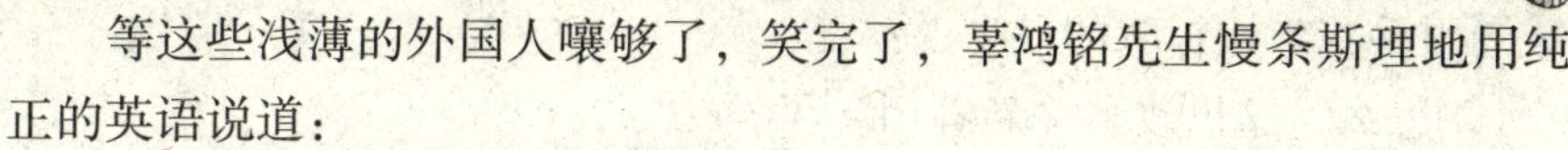

等这些浅薄的外国人嚷够了，笑完了，辜鸿铭先生慢条斯理地用纯正的英语说道：

“英文这玩艺儿实在太简单了，不倒过来看，还真没什么意思。”

几个洋人一听大惊失色，面面相觑。

辜鸿铭先生是学贯中西的著名学者，在年轻洋人的取笑面前，他不是拍案而起，而是故意装出很愚蠢的样子，倒过来看报纸，但一句英语，显示出他过人的聪明才智而将对手击垮。

张作霖出身草莽，却十分机智，在处理一些眼看就要糟糕透顶的事态时，往往能突出奇招，收到意想不到的效果。有一次，张作霖出席名流雅席，席间，有几个日本浪人突然说，久闻张大帅文武双全，请即席赏幅字画。张作霖明知这是故意刁难，但在大庭广众之下，就只好满口应允，吩咐笔墨侍候。只见他潇洒地踱到桌前，在铺好的宣纸上，大笔一挥写了个“虎”字，然后得意地落款：

“张作霖手黑。”

写毕，盖上朱印，张作霖踌躇满志地掷笔而起。几个日本浪人，看着“张作霖手黑”几个字，面面相觑，不知何意。

随侍秘书发现了纰漏，“手墨”（亲手书写的文字）怎么成了“手黑”？就连忙贴近张作霖耳边低语：“您写的‘墨’字下面少了个‘土’，‘手墨’变成了‘手黑’。”张作霖一瞧也一愣：怎么把“墨”写成“黑”啦？如果当众更正，岂不大煞风景？张作霖眉梢一动，计上心来，故意训斥秘书道：

“我还不晓得这‘墨’字下边有个‘土’？因为这是日本人要求的东西，这叫做寸土不让！”

语音刚落，满座喝彩，日本浪人这才悟出味来。

张作霖尽管不是故意要大智若愚，但等秘书提醒了之后的做法，却有“大智若愚”的味道，难怪引得全场喝彩。

中国近代的湖南湘潭有一位王闿运先生，学问渊深，才华横溢，是有名的大学问家。王老先生在京的日子，窃国大盗袁世凯几乎天天派人随同赏玩。

有一天，这些人陪同他逛到故宫前面的“新华门”。王阉运故意装

成老眼昏花。用惊叹的口吻说：

“怎么，这里改名‘新莽门’了？”

王老先生故作糊涂，将“华”字读成“莽”字，将袁氏窃国比作王莽篡汉，表现出了极大的嘲讽意味。本来自己读错字，就是示之以愚，示之以弱，将破绽故意留给对方，其实是另有深意。

大智若愚的方法是一种曲线思维的产物，也就是采用拐弯抹角的进攻方式，因此，用这种方法往往可以产生出一种强烈的幽默和嘲讽意味。但是，如果仅仅是有愚而无智，不成其为大智若愚，只能给人留下笑柄；只有表面似愚而实质为智，才能真正制服对手。

## 4. 以实制虚，以虚制虚

以实制虚方法的特点在于，对手的论点是虚的、无法验证的；我来回答的论点也是无法验证的，但却是“实”的，这种“实”可以表现为大，也可以表现为小，可以表现为远，也可以表现为近，总之，应根据具体的场合选用对方无法验证的“实”来回答。

有一个国王自以为聪明绝项，最喜欢出难题来难倒别人。有一回，他找来 12000 个学者，问他们地球的中心在哪儿，结果谁也答不出。自以为是的国王得意极了，马上出告示征求能回答这个难题的人，而且宣布，答对的赏，答不对的罚。

人们看了告示，大都摇摇头走开了，可阿凡提看完告示就牵着毛驴直接进宫见了国王。

国王问：“怎么，你知道地球的中心在哪里？”

“我知道，”阿凡提回答说，“地球的中心就在我驴子左前蹄踩的地方。”

“胡说，我不信！”

“你不信，请你自己把整个地球量一量吧，错了就罚我好了。”

“这……这……”国王想了半天，一句话也说不出来。

在当时，国王是不可能测量出大地的中心的，阿凡提随便指了个眼前的地方，国王无法证明其虚假，也就只能是哑口无言了。

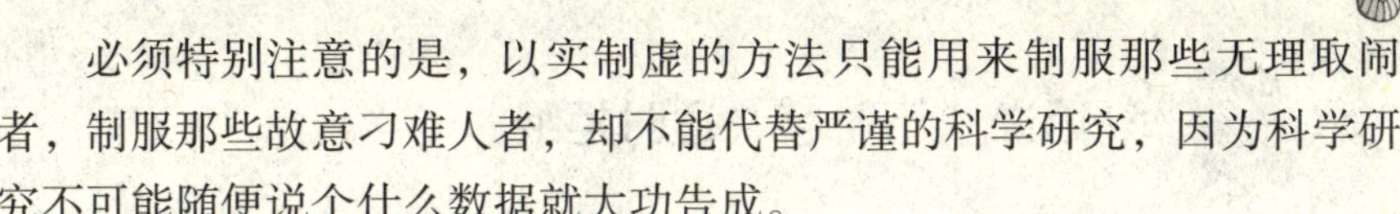



必须特别注意的是，以实制虚的方法只能用来制服那些无理取闹者，制服那些故意刁难人者，却不能代替严谨的科学研究，因为科学研究不可能随便说个什么数据就大功告成。

论辩中，有些论辩者喜欢问一些无法验证、无法回答的问题。遇到对手用一些虚幻的、无法验证的论题企图难倒我们时，不妨反其道而行之，以具体的、实在的论题来回敬对方。因对方无法验证其真假与否，我们自然就可以有效地应付对方的挑战，取得论辩的主动权。这就是以实制虚术。

在论辩过程中，当对手故意运用虚概念来发难时，不妨依法炮制，用虚概念来回敬，这就是以虚制虚术。

有两个人争吵着来到法官那里，原告指着被告说：

“他背着很重的东西，东西从肩上掉下来了，他请求我帮他扶上去，我问他给多少工钱，他说：‘没有什么。’我同意了，马上帮他把东西扶到他肩上。现在我要他付给我‘没有什么’!”

法官想了想，说：“你告他有道理，你过来，帮我把这本书拿起来!”

原告走过去，帮法官拿起书。

法官突然问：“书下面有什么?”

“没有什么。”原告说。

“那你把‘没有什么’拿去吧!”法官一本正经地说。

本来，扶一下东西不过是举手之劳，没有必要向人家索要工钱，可这个人却无理取闹，硬要人家付“没有什么”。“没有什么”就是没有什么，本来就是个虚概念，他企图以此难倒别人。而聪明的法官为了满足他，就让他拿去了“没有什么”，不容对方再进行胡搅蛮缠。

这种方法中所说的“虚”是指客观世界中不存在的相应事物对象的虚概念，它的产生纯粹是由人们凭空虚构的。既然如此，要将对手制服，就应该根据具体情况的不同，临时虚构出相应的“虚”来与之对抗，而不应该考虑自己的观点是否“属实”。

## 5. 巧说“不”字，适时拒绝



（1）留有余地

如某人托你介绍一份工作，你难于办到。回头他问：“前些日子拜托你的事，现在怎么样了？”你可以回答：“不好办啊，上次同你讲了，你的学历不符合要求，硬件不够，何况名额又那么少，僧多粥少哇。不过我可以去问问其他单位，帮你去碰碰机会。当然我们都不要太乐观噢。”这里虽未拒绝，但已为下次的拒绝准备了台阶。

从人际关系角度考虑，拒绝要尽可能把理由讲充分。从接受者心理接受能力考虑，要给对方留出足够的思想准备空间。这样在适当时拒绝对方，还能让对方感到你至少已尽了力了。

（2）转移拒绝

一位老爷爷见到他熟悉的 4 岁小孩，左手拿着苹果，右手拿着橘子，兴高采烈地在老爷爷面前摇来晃去。老爷爷逗乐道：“洋洋，幼儿园的老师都夸你很乖，很懂事。你现在又有苹果又有橘子，吃不完，给我一个好吗？”老爷爷以为，洋洋肯定舍不得苹果，只会给他橘子呢？不料，洋洋却一本正经地回答：“爷爷，你快去，我妈那儿还有呢！”

洋洋的回答既没有直接说出来，又婉转地表明了自己的意思，这就是转移拒绝的方法。

（3）推脱方式

当别人问你：“喜欢性感明星麦当娜吗？”你心里若不喜欢，又不想扫对方的兴致，这时可以不表态，一笑置之。有人在背后议论别人闲话，你不想苟同，就不要参与议论，只需表现出已接受到信息，但对信息不加评论就行了。

这就是借助一些形态语言加以婉拒的案例。

我们也可以用“拖”表示拒绝。

如同事约你晚上去卡拉 OK 唱歌，你可以回答：“晚上再约吧，到时我给你去电话。”“哎呀，真不巧，正赶上我在外头办事，到时我争取去！”再如，有人知道你刚得到一笔奖金，向你借钱，你可以含糊地回答："我前天已答应我爱人做一套大衣，并且已经订购了。你若实在急用，我回去跟我爱人商量一下再告诉你。"如向你借钱者还一再要夺人所爱，你也可以继续理直气壮地推脱，直到对方死心。但要注意，态度要不愠不火。

（4）婉转方式

对上司或主管交办的工作，出于责任心需要反对或拒绝，那么，既要坚持主见又保护上司的体面，该选择什么样的拒绝方式呢？可以选择上司意见中某一方面被你认同的地方加以肯定，而后提出相反意见，即先通过恭维打消上司意见被拒绝的不悦，让其不失体面。"主任说得对，在这方面，我们的确应给予充分的重视，这是解决问题的前提之一。我认为除此之外，还应当……"后面提出自己的观点，通过举例说明，让上司意识到你的观点比他的观点更切实可行。不要因为看到上司脸色不好又忙不迭地改变自己的观点，附和上司。这样非但解决不了问题，还暴露出自己胆怯无主见的平庸一面。

（5）选择外交辞令

生活中当我们暂时无法确定"是与不是"时，"不可奉告"，"天知道"，"这个，我也不懂"，"难说"等外交辞令都可以借用。

需要注意的是，拒绝时态度要诚恳。结束交谈时，要热情握手，略表歉意。一次成功的拒绝，可能为将来的重新握手或更深层次的交际播下希望的种子。

论辩时免不了有拒绝对方的情况发生。怎样才能把拒绝说得圆润一点呢？当遇到你必须拒绝的事情，也不能伤害对方的感情，这时你可以寻找一些托词。我们可以采取一些办法，以摆脱窘境，既可不伤害对方的感情，又可使对方知道你有难处。比干脆毫不含糊地讲"不"要强得多。

## 6. 似是而非，闪烁其词

说辩中的问与答是矛盾统一体。回答，是对提问的反馈。问是一门学问，答也需要高超的技巧。真正的妙答，绝不是对方问什么，你就答

什么；或者他怎么问，你就怎么答。一个善辩者在接到对方的提问后，总是思考并选择一个最佳的回答方式。闪烁其词，则是专门应付那些不能回答但又回避不了的问题的答辩艺术。

在说辩中运用闪烁其词所产生的奇效，就是能使你机智、幽默地摆脱困境。

闪烁其词最适用于外交说辩场合。在外事活动中，有时你所掌握的事实属于保密范围，不能披露，但别人又千方百计地打听。遇到这类敏感性话题时，回避易引起猜疑，正面回答又不能讲实情，这就可以利用闪烁其词在诙谐嬉戏中金蝉脱壳，摆脱困境。

在一次座谈会上，美国电影界的同行们与谢晋探讨什么样的影片最卖座，以及中美如何进行电影合作等问题。应该说，这是一个友好的难题。正面回答或笼而统之地回答显然难以令提问者满意，而具体的预测或许诺因条件尚不具备也难免陷入以偏概全、以空对空的尴尬境地。面对朋友们的提问，谢晋风趣而幽默地说："里根先生将来不当总统了，如果他仍旧对表演感兴趣，那么，他来主演，我来导演，中美合拍，这部影片我相信在全世界一定卖座。"谢晋的回答，非常幽默机智，颇具弦外之音，令在场的美国朋友击掌叫绝。

这种方法运用得好，不仅能使你摆脱困境，还能产生弦外之音、言外之意的效果。

闪烁其词在日常人际交往中，运用更为普遍。

某中国留学生与法国姑娘跳舞，姑娘问："您喜欢法国姑娘，还是喜欢中国姑娘？"留学生回答说："凡是喜欢我的姑娘，我都喜欢。"这样回答，显示了这位留学生机敏的说辩艺术。还比如，当别人打听一位小姐的年龄时，小姐不愿意告诉对方，她略一思索回答说："比去年大一岁。"

闪烁其词并不是回避，不是避而不答；也不是模糊语言，不是含糊其辞；还不是模棱两可，不是骑墙居中。相反，闪烁其词是既要给予回答，又不能答非所问；既要回答明确，又要答而不中。因此，在运用"闪烁其词"时，其关键是要抓住"闪烁其词，似是而非"的要旨。

## 7. 反守为攻，后发制人

1984年，在美国竞选总统的电视论辩中，里根的竞选对手蒙代尔自恃年轻力壮、学识渊博，竭力攻击里根年龄偏大，不宜担此重任。里根如果以牙还牙、破口大骂，自然有失作为长辈的沉稳持重、老谋深算的优势；但如果逆来顺受、装聋作哑，那么在年轻气盛的蒙代尔面前又会显得老气横秋、难有作为。于是，里根根据自己的长处和对方的短处，使用故作否定的形式，面带微笑地回答蒙代尔说：

“蒙代尔说我年龄大而精力不充沛，我想我是不会把对手年轻、不成熟这类问题在竞选中加以利用的。”

里根的答辩，博得了全场的热烈掌声。

可以设想，如果里根的回答是“你说我年龄大、精力不充沛，那么你是年轻、不成熟”。这样，双方就会陷入互相攻讦的争吵之中，给选民的印象自然不会好。但是，里根没有这样说，而是使用以守为攻的方法，在不动声色中，扬己之长，显敌之短，既显示了自己作为长者的足智多谋、宽宏大度，又从另外一个角度抨击和映衬了对方的浅薄和狭隘，在选民面前树立了自己高尚的人格形象。

在论辩中，为了反击对手盛气凌人的挑衅，有时候我们不妨以守为攻，以退代攻，也就是将我们的观点表面上给予否定。

这样做的好处是，既使我们的论辩语言不失痛快淋漓，又显得我们不与粗俗无礼的对手为伍，可以取得极好的效果；这种方法就是以退代攻的方法。具体做法是，先虚假肯定，稍做停顿后，立刻实行逻辑性的转折，完成对对手的攻击。逻辑性的转折部分是最重要的内容，它一般可以直捣对方的要害，令对手措手不及。

前苏联外长莫洛托夫，出生于旧贵族家庭。在一次联大的会议上。英国工党一外交官向他发难，说：“你是贵族出身，我家祖辈是矿工，我们俩究竟谁能代表工人阶级呢？”莫洛托夫冷静地答道：“你说得不错，然而，我们两个都背叛了我们自己的阶级！”

这里，莫洛托夫也采用了以守为攻、以退代攻的方法。在具体的使

用中，这种方法还可以采用先对对手的攻击之词采取一种认可态度，并接过对方的话头，然后将其与自己的思维逻辑接轨，在使用中偷梁换柱，走向对手观点的反面，从而最后完成反攻。

在论辩的过程中，当己方对对手的意图不太了解，或者出于战略考虑不急于展开进攻；相反，对方自恃优势，锋芒毕露，咄咄逼人，此时，己方则从容迎战，先稳住阵脚，然后视战局发展，瞅准了时机和突击点后发制人，充分施展攻击技巧，组织反攻，毕其功于一役，制服对手。

这是一种先守后攻的战术，通常在敌强我弱的复杂态势下使用。看准了机会再出手，一旦出手就要打到对手的痛处，往往能以弱击强，以劣胜优。

使用反守为攻这种战术，必须紧紧抓住机会，抓住对方的矛盾，捕捉对方的弱点，这样，攻击才会有力度。此外，还必须注意站在正确的立场上使用这种方法，如果明明白白知道是自己或我方错了，为了一己私利，嫁祸于人，这就不是一个出色的论辩者所为的事情了。

## 8. 装聋作哑，沉默是金

第一次世界大战后，土耳其代表伊斯麦在与法、意、美、日、俄、希腊等国代表的谈判中，就采用了装聋作哑的方法。这在前文已经讲过，伊斯麦“装聋对策”，在当时的谈判中，对其有利的发言，句句听得真真切切；对他不利的时候，就装聋；对于威胁和恐吓，“聋”得更厉害，这就回避了对方的无理条件，维护了本国利益。

除了装聋作哑，沉默也是一种无声的特殊语言。论辩中，如果论辩者中断或停止有声语言的运用，这就是沉默。沉默同样可以成为一种论辩取胜的方法。用这种方法，可以借助面部表情、动作、眼神，表示赞成或反对，展开心理攻势，进而达到目的。

在论辩中，面对不利的论辩形势，为了避免对方警觉，麻痹对方，不妨使用装聋作哑的办法，不动声色地暗中谋划，寻找战机，由被动转为主动，这就是装聋作哑的方法。

在生活中，如果遇到那些强词夺理甚至恶语相向的人，与其争辩是非，往往只会招致他们变本加厉的胡搅蛮缠。对付这种人的最好办法就是沉默，无言的回敬反而会使他们理屈词穷、狼狈不堪。

在很多场合，只要恰当使用沉默，都可以使对方因为不知我们的底细，做出对己方有利的选择。

爱迪生发明了发报机之后，因为不熟悉商业行情，不知道能卖多少钱，就与妻子商量，妻子说："卖 2 万。"

"2 万？太多了！"

"我看肯定值二万，要不，你卖的时候先套套对方的口气，让他先说说看。"

接着，在与一位美国经纪商进行关于发报机技术买卖的谈判中，商人问到货价，爱迪生总认为二万太高，不好意思说，于是沉默不语。商人按捺不住，说：

"那我说个价格吧，10 万元，怎么样？"

这真是出乎意料，爱迪生当场拍板成交。当然，这是爱迪生不自觉地应用沉默所取得的效果。

沉默与经过深思熟虑后的语言同样具有不凡的表现力。在长篇大论的论辩中，同样也需要适当的保持沉默。因为沉默可以营造回味的余地，为论辩者的审时度势创造机会。

当然，沉默的使用要适当。不分场合，故作高深而滥用沉默，或者一味地装聋作哑，只能给人以矫揉造作或难以捉摸的感觉。因此，在使用这一方法时，要注意场合和现场的情况。争取为自己谋取最大化的利益。

## 9. 寻找借口，达到目的

唐朝武则天时期，严禁捕杀动物，连河里的鱼也在被保护之列。御史娄师德被派到陕西任职，刚到陕西，厨师用肉招待了他。娄师德问："全国都禁止宰杀，怎么会有肉？"厨师毕恭毕敬地回答说："是豺把羊咬死的。"娄师德说："这豺真懂事。"过了一天，庖厨又为御史娄师德

献上鱼。娄师德又问这鱼怎么来的，庖厨说："这鱼是豺咬死的。"娄师德叱责庖厨说："你真是太蠢了，不会说是獭咬死的吗？"

从这里我们看出，找借口还要找得巧，这样一来就需要动脑子想办法。

（1）拒绝他人的借口。自己不想在某种交际场合待下去时，也可以找一个合适的借口离开。

王处长到一个单位办事，快到中午了，领导非要留他吃饭不可，可是他和这个单位的另一个领导有些不和，不想和他同席，于是就找借口说："实在对不起，今天中午我得回去，我有位朋友要来，我不能失约。"

这么一说，人家自然不便再强留。运用这类借口时必须注意，说出来的理由一定要比对方挽留的理由更充分，不好拒绝，才能达到目的。

有时，自己不想参与某事，就需要找一个借口加以拒绝，这既不失礼，又达到了目的。

有一个人约小李晚上看电影，小李不喜欢这个人，但人家是好意，自己不想使她下不来台，他不得不找借口，说："很不巧，今天晚上我还有约会。"用这个借口回绝对方的邀请是恰当的。

这时的借口必须有正当的又不被人怀疑的理由才是成功的。如果所找的理由不足以使人家相信，这个借口就可能影响人际关系。

（2）找借口成全别人。在家里，嫂子见小姑子的男朋友来了，就这么一间屋子，两个人说话不方便，嫂子微微一笑，说："你们坐着，我上街买点儿东西。"她找了一个借口溜了出来。两个青年自然十分感激嫂子这个借口。一般说来，这种借口是虚构的，是说假话，但却是善意的、积极的。在交际过程中，如果发现自己继续在场是多余的，会妨碍他人正常交际时，就应找一个借口适时地退出现场，为别人创造一个理想的交际环境。

（3）借口也能隐藏本意。有一个情窦初开的姑娘爱上了一个小伙子，但又不好当面开口，她几天没看见男青年，十分想念，想直接到他家去又怕别人笑话。于是她拿了一本书，来到他家，说："我来还书，他在吗？"小伙子的母亲说："他这两天不舒服，在屋里，快进去吧。"

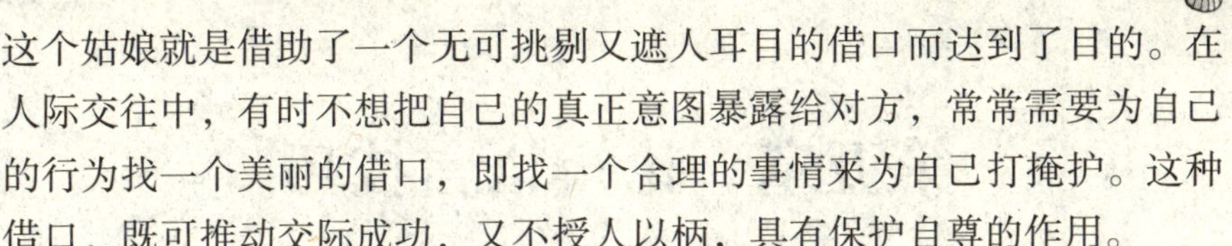



这个姑娘就是借助了一个无可挑剔又遮人耳目的借口而达到了目的。在人际交往中，有时不想把自己的真正意图暴露给对方，常常需要为自己的行为找一个美丽的借口，即找一个合理的事情来为自己打掩护。这种借口，既可推动交际成功，又不授人以柄，具有保护自尊的作用。

（4）用借口争取时间。在交谈中，人们常常以“去洗手间”或打电话为借口。某公司经理在与一家外国公司谈判中，对方要价太高，不能接受。本来本公司已到了不签约就揭不开锅的地步，但自己的让步已经到了底线，再作更大的让步自己就没权限了。于是，他说：“对不起，我去一下洗手间。”他离开现场，马上给公司董事长打了电话，请示怎么办。得到指示后，他心里有了底，又开始继续谈判，从而使谈判成功。令人尴尬的场面也许人人都经历过，当你陷入某种难堪境地时，默不作声，生气乃至动怒，都难以摆脱窘境，而有时一两句机智、巧妙的话却可以打破沉寂，化解难堪，使你心中的不快烟消云散。

美国总统林肯在一次讲演中，一位先生递给他一张纸条，林肯打开一看，只有两个字“傻瓜”。林肯镇静地说：“本总统收到过许多匿名信，全都只有正文，不见署名，而今天正好相反，刚才那位先生只署上了自己的名字，却忘了给我写信。”

欧阳修也曾有过这样的故事。欧阳修不喜欢佛教，如有人当他面谈佛事佛书，他往往给人家脸色看。但他小儿子的小名却叫和尚。有人问他：“您既然不喜欢佛，又排斥和尚，但为什么给您儿子起名为和尚呢?”欧阳修答道：“这正是因为我看不起和尚的缘故。就像如今人们常常用牛、驴来给幼儿起名字一样。”提问的人不禁大笑，对欧阳修的口才称赞备至。显然，欧阳修找寻的理由，并非真正理由，但他却在一般人无言以对的时刻，找出如此令人信服的借口，这正是机智的表现。

# 第五章　论辩语言技巧

## 1.“关门打狗”的论辩获胜绝招

一日，政治学习，领导布置讨论如何对待不正之风问题，王某说：“我们作为一般干部，与不正之风无缘，这有什么可讨论的呢?”老李当即问道：“一般干部真的与不正之风无缘吗?”王某说：“当然如此，一般干部无权无势，怎么能搞不正之风呢?”老李又问：“那么，什么是不正之风呢?”王某随即答道：“利用不正当的关系和手段谋取私利就是不正之风。”老李又说：“按照你所理解的不正之风的含义所涉及的范围，一般干部真的一点都不沾边吗?”老李立刻说道：“前天你去找你的亲戚教育局某副局长，请求他帮忙将你读师范大学毕业的弟弟分配到外贸厅去工作，这算不算不正之风呢?”王某听后，立刻像霜打的茄子一样蔫了，半天没说出话来。

我们认真分析一下这场论辩，不难看出，老李之所以取得了这场论辩的胜利，是因为他采取了“关门打狗”的绝招。老李针对王某的错误观点连续设置了三个关键问，犹如三道门扛扛住了大门，彻底地堵住了王某的退路。然后老李发起猛烈的攻势，指出王某为师范大学毕业的弟弟分配拉关系的行为就是不正之风的表现，从而彻底地驳倒了王某的“一般干部与不正之风无缘”的片面认识，为讨论“如何对待不正之风”扫清了思想障碍。由此可见，“关门打狗”的绝招是指抓住论敌的要害，堵住其退路，从而彻底将其击败的论辩艺术。

“关门打狗”的绝招。“关门”是手段，“打狗”是目的，只有将门关得紧，才能使论敌无处逃遁，束手就擒。运用“关门打狗”的绝招一般采取如下几种形式：

第一，根据论辩主旨的需要设置若干问题，堵住对方可能狡辩的退

路，然后大举进攻，置对方于绝境。

层层设问要有连贯性、系统性。所谓连贯性是指设问衔接，一环紧扣一环，形成有机坚固的链条。系统性是指设置的问题具有循序渐进性，提问的后一个问题是前一个问题的继续和发展，各个问题之间有着有机的联系，互相制约，承上启下。前面的例子中，预审员问叶某一案共设置了三个问题，第一个问题是封门；第二个问题重复第一个问题，则是加固；第三个问题则是在第二个问题的基础上发问，再度加固。三个问题形成一条坚固的锁链。可见，只有保证了设问的连贯性和系统性，才能严严实实地关住大门，堵住对方的退路，使其无法逃遁。

其次，“关门”后采取攻势所用的材料必须与对方的答辩构成矛盾或者引用对方的言语与其答辩构成矛盾，或者利用其行为与答辩构成矛盾，或者利用公认的原理与其答辩构成矛盾。由于对方的答辩已堵住了自己的退路，所以利用与其答辩自相矛盾的材料向其进攻，就会使其失去了反击的力量。其结果就只有举起双手投降了。但是引用的材料一定要真实可靠，不能有半点的虚假，否则就会前功尽弃，失去关门的效用。“关门打狗”的第二种形式是直接设置反问，使“关门”与“打狗”融于一体，这种方法直截了当，具有咄咄逼人的气势，火力更加猛烈，一棒就将论敌置于“死地”。例如，古时有个童生考秀才，其考卷字迹潦草，随意简化字体，将“员”写成“贠”，主考官批评他。童生竟狡辩说“口”与“厶”能通用，这有什么错呢？主考官当即反问道：“难道允—兄，去—吉，勾—句，吕—台也都通用吗？”童生听后，满面通红，只得灰溜溜地离去了。主考官这一反驳是非常绝妙的。他运用确凿无疑的事实堵住了童生狡辩的退路，因为这几组字都是大家熟知不能通用的，童生连这起码的常识都不顾，那他还有什么可驳辩的理由呢？

运用这种形式，要特别注意抓住对方的关键性错误，即违背常识的错误，运用人人通晓的常识性知识组成反问，这样不管论敌怎么狡辩都无门可出。

“关门打狗”绝招的第三种形式是设置选择问题。论辩的一方抓住对方的观点错误，设置可供对方选择的问题，而其中一个问题是对方自

相矛盾的观点，另一个则是论辩一方自己的正确观点。对方由于无法选择与自己相矛盾的观点，这样就自然而然地选择了论辩对方的观点，论辩的一方就比较轻易地取得了胜利。

运用“关门打狗”的绝招一定要看清对象，即对那些狡猾的、明知自己的观点错误而又不肯承认、故意狡辩的对方宜采用这种方法。因为这种方法犹如瓮中捉鳖，使对方只能乖乖地放弃自己的错误观点，服从真理。

## 2. 置对方于困境的“两刀论”法

所谓“两刀论”法，是指从事物的两种可能性中引出一种或两种不利的结果，从而置对方于困境的论辩方法。抗战时期，全国上下一致要求蒋介石停止内战，一致抗日。在这种形势下，陈毅同志代表我方同国民党四十六师政治部主任谈判。四十六师政治部主任胡说什么无所谓国共合作，这种说法英美不习惯，并强调陈毅的部队不能下山。陈毅同志非常气愤，当即声色俱厉地驳斥道：“你和我谈判，我们的队伍要下山，你挡不住；进赣州，你挡不住；中国有共产党，英美也挡不住；形势变了，你的脑袋也得变变。”陈毅同志针对敌人的无耻谰言，从英美和国民党反动派要阻止我方部队下山的两种可能性中引出“谁也挡不住”的结果。陈毅同志的反驳既表现了无产阶级革命家压倒敌人的非凡气概，又使对方陷入了无可置辩的困境之中。可见，“两刀论”法威力无比，真可谓是置对方于困境的妙方。

“两刀论”法有两种形式。第一种形式，是从两种可能性中引出一种结果，揭露对方的错误或者表明自己不能接受对方观点的坚定态度，从而使对方陷于困境之中。在电视剧《武松》中，当武松为兄报仇后，被发配到安平县囚牢时，差拨敲诈勒索他，武松就是不买账。当差拨向武松暗示，如若不给银两，杀威棒不认人时，武松理直气壮地说道：“你若收了我银两，不打杀威棒，岂不破坏了皇帝的旧制；你若收了我的银两，轻轻地打，岂不犯了欺君之罪。”差拨听后，灰溜溜地走了。结果武松既没破费银两，也没挨杀威棒。这里，武松巧妙地从差拨收取银两后不打杀威棒，或轻轻地打杀威棒这两种可能性中引出了一种结果，即都违反了当时的法律。这就使差拨的敲诈勒索行为的错误暴露无遗了。差拨为了保护自己利益，不得不放弃这种错误行为。

从这个事例中可以看出，在论辩中，从事物的两种可能性中引出一个不利的结果，揭露对方的错误，就可置对方于绝境。不管对方怎样，都得放下武器，别无他路可走。

隋文帝时期，一位大臣劝说隋文帝要相信募田风水，说募田风水可以带来吉利。隋文帝坚决不相信这种迷信说法。于是，他反驳说："我家募田，如果说不吉利，那么为什么我当了天子呢？如果说吉利，我弟弟就不应该战死。"那位大臣自讨没趣，怏怏而退。隋文帝从募田吉利与不吉利的两种可能性中引出了他当天子与弟弟战死的两种结果，从而有力地驳斥了募田风水可以带来吉利的荒谬论调。

检察官在审讯受贿犯罪嫌疑人惠州市公安局原局长洪永林时，洪永林认为自己的罪行已经作了一些交待，并揭发了别人的罪行，因此存在着侥幸的心理，他说自己已没有其他问题了。检察官对他说："你应该丢掉幻想的心理，如果能彻底地交待自己的问题，可以受到从轻处理；如果不彻底地交待自己的问题，就难免对自己不利。"洪永林听后，立即对检察官说："让我考虑一会儿。"接着就全部交待了自己的问题。洪永林之所以全部地交待了自己的问题，就是因为他从检察官的谈话中领悟到，如果不交待问题将会给自己带来不利的后果。因而他选择了前者，交待了自己的问题。这样，检察官也就很快地达到了审讯的预定目的。

以上事例说明，从两种事物的可能性中引出两种结果也必然会出现两种情况。第一种情况是引出的两种结果将彻底地否定对方的观点，使对方不可能也无法置辩。隋文帝的反驳引出的两种结果。即他当皇帝和他弟弟战死，这是人人都熟知的事情，正是这两种结果彻底地否定了对方所谓募田风水吉利的观点。第二种情况是引出的两种结果一种明显地对对方不利，对方不可能选择；而另一种结果对对方有利，对方不得不选择。而一旦选择，就意味着彻底失败。因为这种结果恰好是论辩一方所希望的。检察官就是采取这种策略取得胜利的。

总之，在论辩中只要我们掌握了“两刀论”法，就能使其发挥出更大的作用，从而战胜论敌。

## 3. 面对指责的申辩技巧

申辩是指对别人的指责申述理由加以辩解。在日常生活中，人们由于自己的不慎或者对方的误解，难免会遭到指责。如果是因为自己不慎而受到指责，只有老老实实地承认过错，取得对方的谅解；如果是因为对方的误解，那么，只有通过申辩，才能达到消除误解，解脱自己的目的。那么，怎样进行申辩呢？

（1）道明动机

有时候人们出于良好的动机所做的某样事情，因别人不理解而遭到指责。在这种情况下，只有道明自己良好的动机，就可使别人收回指责。例如，某工人文化宫老肖到一个港口提取货物，队长一看提货单，就有点不耐烦地说道：“没空，过两个星期再来吧！”老肖连忙递上香烟，谁知队长大吼道：“喂，你少来这一套，我不是跟你说了吗？这两星期没空，你以为我们工人就这么贱，贪你几支香烟吗？”队长的指责使老肖十分难堪。老肖冷静一想，队长的指责原来是出自于对他递烟动机的误解，所以老肖也大声地说：“朋友，你这话就错了，我也是工人，我为什么要看贱你们呢？看贱你们也就是看贱我自己。朋友，说老实话，我是打心眼里敬重你们的，你们工作这么辛苦，搬运设备这么落后，然而工作却这么任劳任怨，我请你们抽烟正是敬重你们啊！当然也请求你们给我们工会工作一点支持，怎么能说是用香烟来侮辱你们、践踏你们呢？如果你们这样看问题就是自己看贱了自己啊！”听了老肖的申辩，队长怪不好意思说：“对不起，是我态度不好，请原谅！”

老肖在受到指责后，不是以牙还牙、针锋相对地反击，而是冷静地分析队长指责的原因，于是针对这一点说明自己递烟的动机，既是敬重工人，又是求得对工作上的支持，因而起到了申辩的作用。不但消除了误解，而且使队长认识了自己的错误。

（2）叙述真相

人们有时受到指责的原因是由于指责人不了解事实真相。故人们在受到指责后，一旦向指责人叙述了事实真相，就会使指责人清醒头脑，发现自己指责的失误。例如，某连连长带领全连战士修筑一道围墙，刚刚打好基础后，家里来信有事，指导员让连长回家，自己主动地挑起了修筑围墙的重担。围墙筑好后，刚好连长归队，他到工地一看，火冒三丈，当着战士的面说道："这是什么围墙？这么矮，太不像话了！"战士们听到连长的指责，大家的神经都绷得紧紧的，心想，这下连长和指导员会干架了。谁知指导员笑着申辩说："这围墙原先上级规定修筑二米五高，后来师参谋长到实地看了一下说一米八就够了。我们是按参谋长规定的高度修筑的。"听了指导员的申辩，连长不好意思地笑了。战士们绷紧的神经也一下子松弛了。

在日常生活中，这种出于不明真相的指责往往是很多的，有些人听了这种指责后非常气愤，也就忘记了自己的申辩，这样不但无法洗刷自己的委屈，相反却增加了人与人之间的积怨。故在遇到这种情况的时候，都应该像这个指导员一样，心平气和地说明事情的真相。而指责者一旦知道事情的真相后，就会在羞愧之中纠正自己的失误，被指责者的委屈也就自然而然地得到了洗刷。

（3）假言证明

假言证明在申辩中有着独到的功能，有时对于别人建立在怀疑基础上的指责，当事人无论叙述事实真相，还是说明情由，别人都难以相信。在这种情况下，采用假言证明的方法就可以使对方的指责失去立足之地，成为空中楼阁。例如，老唐是某基地木材保管员，有人怀疑他一定拿了公家的不少木材。一次，单位开职工大会，赵某对他说："常在河边走，哪有不湿鞋。你保管公家的木材没拿点？鬼才相信你呢？"面对这种建立在怀疑基础上的指责，老唐坦然地说："如果我拿了公家的木材，谁拿出确凿的证据，我奖他一万元。"赵某顿时哑然，从此老唐再也没有听到这种指责的声音了。无独有偶，一段时期，一些人出于某种企图，谣传邓朴方同志在外国有多少存款。一次，记者问邓朴方同志："你在外国到底有多少存款呢？"邓朴方同志毫不犹豫地说："如果我在外国有存款，谁去查。查出来三分之一归他，其余上交国家。"记

者十分相信地点了点头。

为什么假言证明有如此巨大的力量呢？这是因为假言证明采用的是充分条件假言判断。充分条件假言判断的逻辑特征是有前件就有后件，没有后件就没有前件。申辩者首先假定指责者或怀疑者所说的是事实，然后从这个事实中引申出后件，你说的是事实，那么就必须有根据，然而指责者拿不出事实根据，那么就顺理成章地否定了指责。由此可见，对于别人毫无根据的指责和怀疑，只要采用假言证明的方法，就可使其不攻自破。

（4）讲清事理

有些人对于别人的言辞不理解或者理解有误，不检查自己的过失，反而责备他人。面对这种情况，被指责者可以讲清事理，使对方认识自己理解上的偏差。春秋时期，鲁国有一户姓施的人家有两个儿子。其中一个儿子学儒家仁义之术，另一个儿子爱好军事。好学儒术的那个儿子用儒家的思想去游说齐王。齐王采纳了他的意见，让他做了儿子们的老师。爱好军事的那个儿子到了楚国，用他的法家主张去游说楚王，楚王很高兴，叫他担任军事长官。他们的家庭很快就富裕起来了。亲属和邻居们都很羡慕他家。恰好其邻居孟家也有两个儿子，他们所学的也和施氏兄弟相同。于是，他们向施家兄弟请教富贵的办法。施家两兄弟如实地把经过告诉了他们。于是孟家好学儒术的那个儿子跑到秦国，用儒术游说秦王，秦王很不高兴，阉割了他。孟家的另一个儿子到卫国，用权术游说卫王，被卫王砍断了脚。孟氏两个儿子回到家里，拍着胸膛责备施家。施家的人回答说："办事情凡是适应时势的就昌盛，违背时势的就会败亡。你学的东西与我们相同，但功效却完全不同，这是由于违背了时势啊！并不是我们的做法有什么错误。"面对孟家的指责，施家的人采用讲清事理的方法为自己申辩，即指出了孟家两个儿子失误的原因，又达到了为自己辩解的目的，可谓一箭双雕。

春秋时期，弥子瑕受到卫灵公的宠爱，在卫国专权。有个身材矮小的人拜见卫灵公说："我昨晚做的梦已经应验了。"卫灵公说："你梦见了什么？"那矮子答道："梦见了灶——就是因为想朝见君王啊！"卫灵公听后勃然大怒："我听说将要见国君的时候，往往梦见太阳，你为什

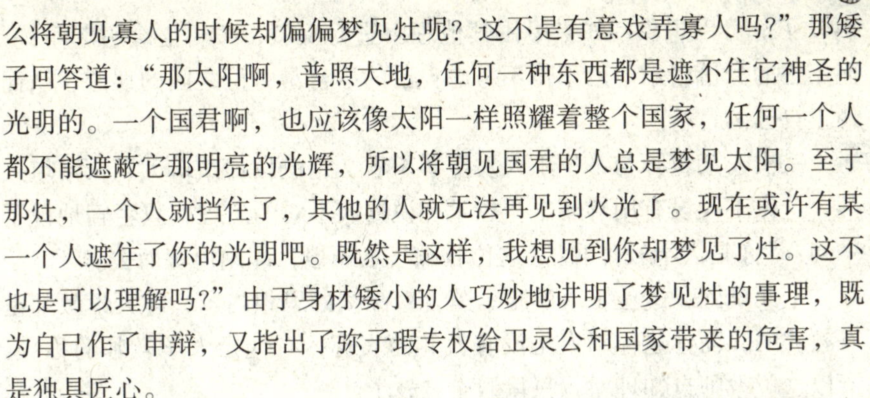



么将朝见寡人的时候却偏偏梦见灶呢？这不是有意戏弄寡人吗？”那矮子回答道：“那太阳啊，普照大地，任何一种东西都是遮不住它神圣的光明的。一个国君啊，也应该像太阳一样照耀着整个国家，任何一个人都不能遮蔽它那明亮的光辉，所以将朝见国君的人总是梦见太阳。至于那灶，一个人就挡住了，其他的人就无法再见到火光了。现在或许有某一个人遮住了你的光明吧。既然是这样，我想见到你却梦见了灶。这不也是可以理解吗？”由于身材矮小的人巧妙地讲明了梦见灶的事理，既为自己作了申辩，又指出了弥子瑕专权给卫灵公和国家带来的危害，真是独具匠心。

（5）隐含否认

对于那种严厉的指责，被指责者为了避开锋芒，而又能明白无误地表达自己的意思，往往采用隐含否认的方法。

在申辩的时候，一定要注意针对性，即要抓住对方指责的实质问题进行申辩，无关紧要的问题可以不予理睬。同时在申辩中不能东拉西扯，否则就会越辩越糊涂，无法达到洗刷自己委屈的目的。

## 4. 暗示在论辩中的作用

（1）用对方的身份暗示

在论辩中，有些人往往说出一些与自己身份不相符合的言辞，针对这种情况，如果用对方的身份予以暗示，就能收到好的效果。例如，在一次基层干部会议上，有一位干部针对一些人认为现在有些问题难以解决的观点提出：“只要我们用马克思主义认识问题、分析问题、解决问题，就没有解决不了的问题。”另一位干部立刻反驳道：“马克思主义能够解决问题吗？我们单位有一大堆问题，为什么一直无法解决呢？”那位干部立刻回答：“你是共产党员吗？”这位干部听后满面通红，低着头不吭声了。十分明显，这位干部不相信马克思主义是与共产党员的身份不相符合的。中国共产党是用马克思列宁主义、毛泽东思想武装起来的政党，既然如此，连马克思主义都不相信的人还算是什么共产党员呢？所以干部甲一暗示，干部乙就失去了还击的力量，只得“束手就

擒”了。可以想象，如果甲用其他理由进行反驳，很可能会引起争论，而用乙的身份暗示，乙不得不考虑自己的语言与身份之间的误差，从而纠正自己的言行。

一次，某教师与一位工人发生了矛盾。这位教师破口大骂，不堪入耳，这位工人没有用骂还击，也没有说骂人不对的道理，只轻轻地说了一句：“你是大学教师啊！”这位教师气焰顿挫，即刻悻悻而去。

毫无疑问，这位工人的暗示蕴含着深刻的思想内容，即大学教师是有教养的，而你这样骂人是没有教养的表现，有愧于大学教师的称号，所以这位教师自知理亏，只得偃旗息鼓了。

（2）用对方言行之间的矛盾暗示

在论辩中，有些论辩者自己的思想观点与自己说过的言语或者做过的行为有矛盾。此时，论辩的一方只要运用对方这种言行对其进行暗示，就可立刻使对方陷入自相矛盾的窘境中，被迫放下“武器”。例如，在某妇联任法律顾问的赵某经常宣传要维护妇女儿童的合法权益。一次他儿子因一件小事与媳妇发生矛盾，竟将媳妇打了一顿。于是其儿媳妇向领导反映情况。赵某竟到领导处为儿子辩护说：“儿媳妇心胸太狭窄了，儿子是在忍无可忍的情况才打她的。”某领导立刻截住他的话题笑着说：“你难道就是这样维护妇女儿童的合法权益吗？”赵某无言对答，十分惭愧地停止了辩护，并当即表示一定要做好儿子的工作，治好儿媳的伤，教育他们搞好夫妻关系。某领导这句简短的问话，恰切地指出了赵某为儿子辩护的言辞与其平时的宣传相矛盾，暗示其应该做到言行一致，真正维护妇女儿童的合法权益，因而使赵某受到了深刻的启迪。他不但抛弃了自己的错误行为，而且答应做好儿子儿媳的工作。

（3）用对方明显的弱点暗示

在论辩中，如果能抓住对方论辩内容有关的弱点暗示对方，往往可以致对方措手不及而乖乖地放下“武器”。明朝嘉靖年间，上蔡县姚家庄居民姚庭梅被其嫂嫂田氏用毒酒害死。姚庭梅的妻子杨素珍也被其嫂卖给杨春为妻。杨素珍同杨春行到柳林时，杨素珍发现自己被骗卖，于是和杨春大吵大闹。此时，正逢河南八府巡抚毛朋路过此地。毛朋听完杨素珍的叙述后，当即给杨素珍写了状纸，并要她到信阳州越衙告状。

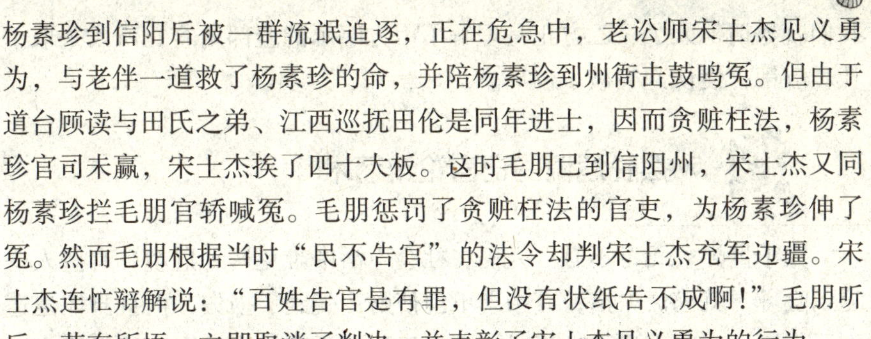



杨素珍到信阳后被一群流氓追逐，正在危急中，老讼师宋士杰见义勇为，与老伴一道救了杨素珍的命，并陪杨素珍到州衙击鼓鸣冤。但由于道台顾读与田氏之弟、江西巡抚田伦是同年进士，因而贪赃枉法，杨素珍官司未赢，宋士杰挨了四十大板。这时毛朋已到信阳州，宋士杰又同杨素珍拦毛朋官轿喊冤。毛朋惩罚了贪赃枉法的官吏，为杨素珍伸了冤。然而毛朋根据当时“民不告官”的法令却判宋士杰充军边疆。宋士杰连忙辩解说：“百姓告官是有罪，但没有状纸告不成啊！”毛朋听后，若有所悟，立即取消了判决，并表彰了宋士杰见义勇为的行为。

宋士杰之所以使毛朋取消了判决，是因为他运用暗示取得的结果。民告官是有罪，但是状纸不是我写的，而是你写的，然而却判我的罪，而不判你自己的罪。这难道公平吗？宋士杰就这样抓住毛朋的弱点暗示，终于使毛朋认识到判决的错误，从而取消了自己的错误判决。

（4）用公认的道理暗示

公认的道理是大家所熟悉和理解的，因此一旦发现对方的观点不符合公认的道理，则可用公认的道理暗示，使对方意识自己观点的偏差，从而改变观点。例如，某厂准备发一大笔超产奖金。厂长对会计师说：“超产奖金计人生产成本，以免纳个人所得税。”会计师不同意，并回答说：“这样恐怕不妥吧！”厂长说：“有什么妥不妥的，为了工人的利益，怕什么？”会计师说：“难道你不怕法律吗？”厂长听后尴尬地笑了笑说：“好吧，那就按规定纳个人所得税吧！”会计师用“难道你不怕法律”予以暗示，使厂长立刻明白了不能违反法律这一众所公认的道理，因而调整了自己的行为。

（5）用对方熟悉的情况暗示

在谈判论辩中，有时双方争执非常激烈、难分难解。此时一方用对方熟悉的有关情况暗示，就可以突破谈判的僵局。例如，甲方将一栋楼房包给乙方建造，双方就价格问题争执不休，形成僵局。此时甲方代表说：“不瞒你们说，还有两家公司想承包这栋楼房的建筑任务，他们投标价格比你们低，但是我们考虑到我们是老关系了，才没答应他们。”乙方听后，立即让步，于是很快就结束了谈判。

不难看出，甲方在暗示乙方，如果你们在价格问题上不让步，那么

我们就另请他人了。乙方正是理解了甲方暗示的全部内容，所以采取了让步政策，使谈判突破了僵局。

## 5. 摆脱危境的语言论辩艺术

大千世界，无奇不有。人们在社会生活中难免遇到危境。有些人一遇到险境，就惊慌失措，其结果不但使财产受到了损失，而且身体也遭到了伤害；有些人遇到险境时，则善于运用语言艺术，因而确保了自己生命财产的安全。因此，谈谈摆脱危境的语言艺术。

以刚制刚。一天，刘某去湖南娄底火车站售票厅购买车票。他刚踏进售票厅，有人故意挤在他的前面，一不小心，刘某踩着这人的脚后跟。刘某连忙向他赔礼道歉。这人却勃然大怒，紧接着又围上来两三个人，这几人一齐对刘某大声喝道："你踩了别人的脚，拿钱出来，不然没有好果子吃！"说完一人拔出匕首在刘某胸前晃了晃。刘某见这些人来势凶猛，立刻镇定了情绪，也大声喝道："你们敢怎样？要打奉陪到底，要钱一个也没有！"说完，也拉开了防卫的架势。这些人一看刘某这种凛然的姿态，一听这刚硬的语言，一时乱了阵脚，其中一人悻悻地说："好，算你有种！"然后带着那几个人灰溜溜地走了。

无独有偶，另一天的早晨，刘某在贵阳火车站下车后，当他走到遵义路200米处时，有两人迎面走来，其中一人故意朝刘某撞了一下。刘某不予理睬。这两人立刻大声喝道："大清早为什么撞人，懂事点，把钱拿出来！"刘某同样大声喝斥道："你们自己懂事点，要钱到派出所去！"话音刚落，其中一人挥拳朝刘某打来。刘某立刻用手提包挡住，然后又喝斥道："你们敢打吗？我奉陪到底！"这时匆匆走来一人（同伙），连忙把他们拉走了。

显然，这两伙抢劫犯都以同样的手段，先是挑起事端，接着企图恃强凌弱，抢劫刘某的财产，刘某在这种危险的情况下，镇定自己的情绪，以强硬的语言喝斥抢劫犯，使他们觉得来者不善，因此只得中止自己的犯罪行为。刘某也就这样摆脱了危难。一般来说，这类抢劫犯表面看来十分刚强，实际上内心是虚弱的，也就是说是外强中干的。因此凡

遇到这种情况，只要运用强硬的语言，就可以镇住他们，从而达到摆脱险境的目的。诚然，运用以刚制刚的语言艺术，一定要理直气壮，要使语言具有一种锐不可挡的力量。

以柔克刚。有时候运用柔性的语言也可以摆脱危险的处境。一次，一个盗窃犯闯进了李某的住宅，翻箱倒柜，翻出了李某家中仅有的一千元钱，恰好这时，李某从外回家。碰到这种情景，李某顿时也慌了手脚，盗窃犯也有点慌张。然而盗窃犯一下子就镇定了情绪，并企图强奸李某。李某想了想，不无伤感地对盗窃犯说："我丈夫正在医院住院，你拿的一千元钱是他的救命钱啊！你会要这救命钱吗？最近半个月，我每天都在医院照看丈夫，也得了严重的传染病，我们的命真苦啊！"盗窃犯听了李某这一席话，似乎良心得到了发现，连忙退出了李某的住宅。李某就凭着这柔性的语言制服了犯罪分子，使犯罪分子中止了自己的犯罪行为，从而摆脱了危难。

可以想象，如果李某在当时的情况下，不使用柔性语言，那么不但一千元钱会被盗走，甚至还会被强奸。柔性的语言为什么会有如此巨大的力量呢？这是因为柔性语言能唤醒人的良知，并且会使实施犯罪的人产生一种同情的心理，进而放弃自己的犯罪行为。

晓以利害。相传汉代时期，有一位骗子来见汉武帝，说是带了一种"不死药"进贡给皇上。汉武帝听说吃了这种药可以使人不死，非常高兴，给了那骗子一笔丰厚的奖金。当时东方朔正在武帝身边，他上前拿起那药向汉武帝问道："这东西可以吃吗？"汉武帝回答："当然可以。"于是东方朔先生一口吃了下去，武帝见东方朔先生吃了药，立即暴跳如雷，喝令把东方朔带下去斩首。就在这生死攸关的危急时刻，东方朔先生对武帝说："我刚刚吃了'不死药'，现在却马上去死，可见那就是死药。刚才那人拿死药当不死药来奉献陛下，明明是在欺骗你，犯了欺君之罪，更何况我是经你允许才吃的啊！可见是不该死的。今天你如果处死我，只会让天下人晓得，陛下常被人骗，因此陛下的话也不能相信。"汉武帝听后立刻陷入了沉思之中，一会儿就下令免除了东方朔的死罪。

不难看出，东方朔之所以摆脱了危难，这是因为他使用了晓以利害

的语言艺术。东方朔先生从两个方面分析皇帝杀害他势必带来两个不利的后果，其一说明了皇帝经常被人欺骗，因而损害了尊严；第二如果杀东方朔，以后就没有人相信他了，这样就会动摇皇帝的政权。皇帝正是从东方朔的语言中发现了杀害东方朔先生将会给自己带来的不利因素，因而免除了他的死罪，东方朔也就摆脱了危难。在现代，运用这种语言艺术也是很奏效的。甘某与孙某因合伙经营而发生了矛盾，甘某对孙某怀恨在心。一天，甘某纠集一伙人闯进了孙某家，企图用武力报复孙某。在这种情况下，孙某对这伙人说："你们要打死我是非常容易的，因为就我一个人在家，而且不准备反抗。不过，打死或打伤我后，这个案子很快就会破获。毫无疑义，你们都成了犯罪分子，都会受到法律的制裁。而一旦受到法律的制裁，你们这些人都上有老，下有小，将来谁去养活他们？你们一时的行为就会使他们受苦，不知你们想到没有，更何况你们又不是为了自己的事情，而是为他人去报复杀人或伤人的，这值得吗？"那些人听后，偃旗息鼓，很快就离开了孙某家。不难看出，孙某在这危难之时，首先指出对方的行为将是触犯法律的行为。接着指出触犯法律必然受到法律制裁，而且受到法律制裁就会给亲人造成生活上的痛苦的后果。孙某的分析有理有利，使对方看到了自己行为的危害性，因此只得撤离。孙某也就达到了摆脱危难的目的。

运用晓以利害的方法摆脱危难，其语言一定要充分地揭示对方的行为所造成的危害，从而使其在心灵上引起强烈的震动而收敛自己的行为。

巧说谎言。所谓巧说谎言是指自己在遇到危难之际，急中生智，巧妙地利用谎言镇住或制服制造危难的人，从而迫使其停止危害行为。例如一天下午，赵小姐从姨母家返回，当走到一条山沟边时，突然从山中窜出一歹徒，企图强奸赵小姐，赵小姐连忙大喊："哥，快来啊！"歹徒听到喊声，以为赵小姐的哥哥就在后面，就赶快溜走了。赵小姐就这样摆脱了危难。

又如，戴小姐和王小姐到贵阳大街上购买物品。当戴小姐从一小贩手中拿起衣服观看时，发现质量非常低劣，于是将衣服退给小商贩。小商贩坚决不接，并还叫来几个同伙，非要戴小姐拿100元钱将这件劣质

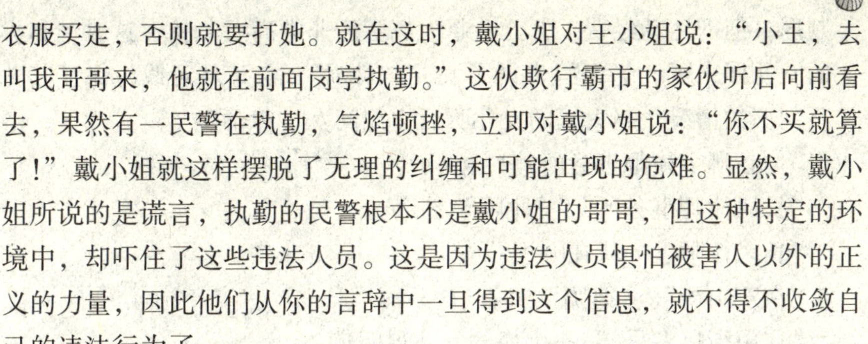

衣服买走，否则就要打她。就在这时，戴小姐对王小姐说："小王，去叫我哥哥来，他就在前面岗亭执勤。"这伙欺行霸市的家伙听后向前看去，果然有一民警在执勤，气焰顿挫，立即对戴小姐说："你不买就算了！"戴小姐就这样摆脱了无理的纠缠和可能出现的危难。显然，戴小姐所说的是谎言，执勤的民警根本不是戴小姐的哥哥，但这种特定的环境中，却吓住了这些违法人员。这是因为违法人员惧怕被害人以外的正义的力量，因此他们从你的言辞中一旦得到这个信息，就不得不收敛自己的违法行为了。

诚然，说谎言一定要结合具体的情境，使违法人员看来是真实可靠的，这样才能起到震撼作用，从而摆脱危境。

## 6. 揭露谎言的论辩语言艺术

谎言是交际中的一种毒瘤，但它往往披上一层迷人的外衣，有时使人难以觉察，因而致使不少的人上当受骗。其实谎言终究是谎言，只要我们善于分析，就可以揭露它，使它"曝光"。

（1）事实揭露法

有些人为了达到某种目的，往往不顾客观实际而编造谎言。针对这种情况，只要叙述客观事实，就可使谎言暴露无遗。例如，某甲担任某教材的主编。在分配稿酬时，他对各位撰稿人说："该书稿酬每千字 50 元，计 15000 元，另印数稿酬 2100 元，总计 17100 元。我不要主编费了，大家共同分配吧。"撰稿人听后大都非常感动，但另一位撰稿人对主编说，"编辑部说，该书每千字 80 元，30 万字计 24000 元，另印数稿酬 4100 元，共计 28100 元，主编先生是否弄错了。"主编听后脸红了，想狡辩但无可奈何，只得说出了真情，原想独得 11000 元。由此可以看出谎言最怕事实，因此只要掌握了客观事实，就可将谎言击得粉碎。

（2）层层逼问法

赵大妈的儿子被人民检察院提起公诉。一天家里来了一位女"律师"，女"律师"对赵大妈说她与法官很熟悉，可以保证赵大妈的儿子

不判刑，但需活动经费 1 万元。赵大妈听后非常高兴。就在这时，赵大妈的女儿回来了。赵大妈告诉了女儿“律师”需 1 万元钱，保证其儿子不判刑的情况。赵大妈的女儿听后立刻问女“律师”：

“你在哪个律师事务所?”

“长风律师事务所”。“律师”答道。

“长风律师事务所在哪里?”

“在灰山街”。“律师”又答道。

“灰山街哪一号?”赵大妈的女儿追问道。

“灰山街 28 号”。

“灰山街 28 号是律师事务所吗?”

“啊！是……是……”“律师”回答不上了。

紧接着“律师”拔腿就逃走了。

完全可以看出，运用层层逼问的方法可以使谎言露出破绽。这是因为，只要是谎言，就经不起追问。

（3）以谎治谎法

一位姑娘在大街上行走，一位青年紧紧地跟随在其后边。姑娘回过头来不解地问道：“你为什么要跟着我?”青年回答说：“你太美了，我很喜欢你。”姑娘说：“谢谢，后面走着我的妹妹，她比我漂亮多了。”“是真的吗?”“当然是真的!”青年非常高兴地转身跑去了。

显然，这位青年是个好色之徒，其所谓喜欢姑娘的言辞纯属谎言。由于姑娘看出了这位青年的险恶用心，故略施小计，同样用谎言对付那位青年，既揭露了谎言，又摆脱了纠缠。

（4）引入矛盾法

王某与李某是同乡，一块在春城做生意。王某因亏本借了李某 5000 元现金。春节时他们两人都回家过节。一天李某来到王某家，要王某偿还债务。王某把脸一横说：“我哪里借了你的钱?”此时，恰好来了村委会主任，他们找主任评理。主任问李某道：“王某是什么时候在什么地方借你的钱?”李某说是去年 8 月在春城借的钱。王某当即吼道：“春城我没有去过，哪里会借你的钱，这不是胡说吗?”主任连忙叫李某回家去，把证据找来再说。李某只得闷闷不乐地回家去了。接着主任与王某聊起了家常。一会儿，主任问王某春城有哪些特产，王某毫不迟疑地回答说有芒果，并且春城的芒果又香又甜，味道很美。主任立刻反问道："你不是说都没有去过春城吗？为什么对春城的特产这么熟悉呢？"王某听后顿时语塞。接着村委会主任进一步做工作，王某终于承认了借款一事。

王某为了赖账，竟然撒谎没有去过春城。机智的村委会主任运用春城特产的话题将王某引入了自相矛盾的境地，从而使王某的流言不攻自破，因而只得被迫承认了借款的事实。

（5）复杂问语法

所谓复杂问语是指问语中隐含着某种假定的问语。例如"你停止打你的妻子了吗？"这句问语中就隐含着"你打过妻子"的假定，这就是复杂问语。运用这种问语揭露谎言行之有效。例如，一天，一位小朋友拾到了一个皮包，大喊哪位叔叔、阿姨丢了皮包。这时一个瘦瘦的中年人走了过来，对小朋友说："谢谢你，小朋友这皮包是我的。"正在中年人接皮包时，一位警察从小朋友的手中接过了皮包，然后自己打开皮包看了看，对中年人说："这皮包是你的，请问里面50元钱有几张，100元的有几张？"中年人连忙回答"50元的有10张，100元的5张。"警察让中年人看皮包，他立刻拔腿逃走了。为什么中年人会溜走呢？原来是警察使用的复杂问语揭露了他的谎言。因为皮包里面根本就没有50元的，只有2张100元的和一些10元的。中年人不知道皮包里面有多少钱，企图冒领，然而在警察的复杂问语面前暴露了破绽，所以只有拔腿逃走了。

（6）谬误引伸法

古时候，湖北乡下有一个小孩非常聪明。一位秀才嫉妒他的才能，因而想当面出他的丑，以显示自己的学识。一天他当着众人问小孩道："今天我家有人赏梅时被蛇咬了一口，你说怎么治呢？"小孩略加思索后回答道："这很好治，用六月那天南墙下的白雪涂上就好。"秀才反驳道："六月酷暑，南墙下哪有白雪呢？"小孩笑道："寒冬腊月哪会有人被蛇咬呢？"秀才自愧不如，只得悄悄地溜走了。

秀才企图用谎言难倒小孩。小孩则首先肯定秀才的谎言是真实的，

然后从秀才的谎言中推导出一个更为荒谬的判断，使秀才的谎言暴露无遗，因而秀才只好无地自容了。

(7) 假言推理法

所谓假言推理法就是运用充分条件假言推理的形式揭露谎言。运用这种形式揭露谎言极具逻辑性。例如，过去有一位江湖骗子到处声称自己能够预卜未来的事，以此骗取钱财。一天，县官命仆人请这位江湖骗子到家里为夫人看相。江湖骗子到后，县官立刻对他说："请你吃板肉。"说罢命衙役将江湖骗子推翻在地，重打四十大板。县官说道："你知不知道我还打不打你呢?"骗子连连求饶。县官说道："你既然能预测未来事，为什么不知道我叫你前来就是要打你呢？看来你并不能预测未来，纯属妖言惑众。今后再敢胡言乱语，骗人钱财，定杀不饶。"

毫无疑义，县官运用充分条件假言推理的形式揭穿了骗子说谎行骗的行为。其推理形式是：

如果你能预测未来事，那么你就知道我叫你来是为了打你。

你不知道我叫你来是为了打你。

所以，你不能预测未来的事。

县官运用，的推理是充分条件假言推理的否定后件式，前提真实，形式正确，因而充分地显示了巨大的逻辑力量，彻底揭露了骗子的谎言。

(8) 知识检验法

有些说谎者表面看来很有知识，其实知识十分贫乏，因而只要采用知识检验法就可使其暴露本来面目。例如，一天，在贵阳开往上海的火车上，一位青年向邻座的一位妙龄姑娘介绍自己说："我姓黄，华东师范大学政教系毕业，现在资兴大学教书，我父亲是地委书记。"妙龄姑娘听了黄某的介绍，不禁对黄某有了好感。后来他们俩就在一个车站下了车，黄某又邀姑娘看电影，并表示给姑娘找工作。姑娘被深深地打动了，于是将黄某带到了家里。黄某到姑娘家里后，又对着姑娘的父亲吹嘘了一番。姑娘的父亲有所怀疑，于是决定考考他。

"小黄，你是政教系毕业的，我对'形而上学'一直不理解，请你解释解释。"

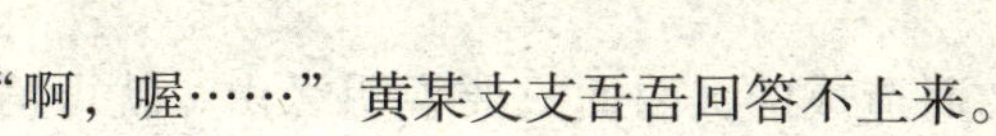



"啊，喔……"黄某支支吾吾回答不上来。

"那么请问唯心主义与唯物主义有什么区别呢?"姑娘的父亲又问道。

黄某竟一无所知，在姑娘父亲的追问下，黄某只得说了真话，他仅仅读了小学四年级。

总之，只要我们掌握了揭露谎言的论辩语言艺术，就可以避免上当受骗。

## 7. 调解纠纷的论辩语言艺术

人际间的矛盾和纠纷是不可避免的，诸如家庭纠纷、亲戚朋友间的纠纷、同事之间的纠纷、邻居之间的纠纷、陌生人之间的纠纷等等。这些人际间的矛盾和纠纷如果不及时加以解决，无疑就会影响社会的安定团结，因此掌握调解纠纷和化解矛盾的语言艺术，有着十分重要的作用。

(1) 融情于理，以情感人

陈某某与某电影明星在蛇口的家中发生纠纷，陈某某被拒之门外，该电影明星还请来了警察。在这种情况下，陈某某非常气愤，恨不得将门砸烂。目睹这种情景，一位老警察对他说："好兄弟，我虽然在执行公务，可你的心情我很理解，因为我们昨天就知道你是她的丈夫了，所以这也是你的家。可是，你要是在这里闹出不愉快，就更让人家有借口了，而且还有一点，我跟你说，我们蛇口的收容所春节放假了，如果闹出什么不愉快的话，我们还得把警察叫来，你说哪一个没有家?哪一个不想过一个团圆年呢?你好好想一想?"老警察的语言看似朴素，然而却充满着对陈某某的理解之情，同时也充满着对陈某某的关心之情，另外还充满着对同事的关心之情。这种理解与关心之情又恰到好处地融于"不要做违法行为"的道理之中，因而震动了陈某某的心灵，引起了陈某某的思索，终于使陈某某放弃了可能会出现的违法行为。一场纠纷也就这样平息了。

(2) 说明缘由，消除误会

有些纠纷是因为误会而造成的，因而只要说明缘由，就可消除误会，解决纠纷。广州市同和镇几位管计生工作的干部去一家私营药店检查计划生育工作。药店老板大吵大闹，引来了几百围观群众。就在这时，时任镇党委书记赵腊初同志赶到了药店。他对药店老板说："咱们有事好商量，吵闹解决不了问题啊！检查计划生育工作，这是市里的规定，请你把情况说清楚，配合我们开展工作。如果有困难，只要不违反政策，我们可以帮助你解决。"药店老板听了赵书记的话，觉得自己误解了镇里干部的来意，因此顿时消了气，当即表示配合镇里工作，接受检查。矛盾也就这样解决了。

（3）指出错误，分清是非

有些纠纷或矛盾是因为一方的错误而造成的，面对这种情况，有关调解人员或他人只要指出一方的错误，分清是非，使一方认识自己的失误，就有可能解决纠纷。某单位李某某散布流言中伤同事赵某某，赵某某听说后找李某某澄清事实，二人吵了起来。单位领导黄主任了解情况后，对李说："李某某，你到处散布赵某某有贪污行为，有证据吗？即使有证据也要向有关部门反映呀！何况是捕风捉影的事情呢？你的行为带有诽谤他人的性质啊，你知道这是一种违法行为吗？"李某某听后认识了自己行为的性质，当即向赵某某致歉，赵某某也表示谅解。他们就这样握手言和了。

指出错误一定要建立在充分了解事实的基础上，有理有据，才能使有过错的一方从内心认识自己错误的性质，从而主动地承担起纠纷或矛盾的责任，取得对方的谅解。

（4）巧妙致歉，达成和解

一些人有感情基础或者相处很好，只是一时的利益冲突而发生了矛盾，针对这种情况，如果有第三人巧妙地代一方向另一方致歉，就有可能引起另一方心灵的震动，从而主动向对方致歉，从而达成和解。著名作家梁晓声在他的著作中说过一件这样的事，他的母亲与邻居卢叔、卢婶一家因用地问题发生了纠纷，闹成了僵局。他首先批评了自己的母亲，指出卢家在窗前接出一间房子的做法可以谅解。然后他到卢家替母亲主动说了一些致歉、和好的语言。卢叔、卢婶听后，一人拉住他的一只手十分动情地说："不能责怪你的母亲，不能责怪你的母亲……"卢叔的儿子则穿上鞋跑到梁家，向梁母承认自己吵架是很不对的，是不尊重梁妈的表现。就这样两家互谅互恕，和好如初。由此可见，第三者或者纠纷的一方亲属巧妙地向另一方致歉，就会深深地感动对方，从而使双方达到和解的目的。

（5）具体分析，阐明事理

有些纠纷由于其原因复杂，或者由来已久，因而针对这一类纠纷，调解人运用语言则要具体情况具体分析，辩证地阐明事理，使双方产生认同感，达成共识，从而解决纠纷。广州市同和镇某村与驻军发生土地权属纠纷，几年都未能解决。他们请来了镇党委书记赵腊初同志。赵腊初同志在充分了解情况的基础上提出了自己的看法，他说："解决土地纠纷问题，我们要秉承十六字方针，即尊重历史，面对现实，互谅互让，协商解决。土地由部队划了红线，部队早已砌了围墙，仍归部队使用。尽管部队未予补偿，也未拿到土地使用证，但是我们地方要识大体，顾大局，支持部队建设，不要部队再补偿。划了红线，但部队未使用，也未征用，村民仍然耕作的土地，原则上归地方所有。没有划红线，但一直由部队借用的用于军事设施的土地，仍然归部队使用；借用于军事设施的土地，如果部队改变了用途的，地方可以收回，也可以共同开发使用。"双方听了赵书记的意见，都表示接受，并且很快就达成了协议。一桩悬而未决的土地纠纷终于解决了。

赵书记的意见为什么会被双方接受呢？不难看出，赵书记为了解决这一悬而未决的纠纷，首先提出了解决纠纷的整体原则。整体原则建立在历史和现实的基础之上，饱含着哲理。然后他又根据这个整体原则提出了切合实际而又符合政策的解决问题的具体办法，既维护了国家的利益，保证了军队建设的需要，又保护了村民的利益，因而矛盾也就迎刃而解了。

（6）承担责任，化解矛盾

领导对下属之间发生的纠纷或者矛盾，有时只要承担责任，就可化干戈为玉帛。小王和老周同在办公室工作，一次，小王去市政府听报告，老周不知道市政府有报告会这一信息。对此老周对小王很有意见，

当面质问小王为什么不告诉他听报告的信息，两人因此而大吵起来。彭主任了解吵架的原因后，对老周说："没有通知你去听报告，这是我的责任，我只通知他一人去，你要有意见就对我提吧，不要责怪小王啊！"老周听后，顿觉自己错了。于是主动向小王致歉，他们又和好如初。

（7）晓以利害，促其醒悟

有些人非常固执，与他人发生纠纷，任凭别人怎样劝说，都不进"油盐"。对于这类纠纷的双方必须晓以利害，才能引起他们心灵上的震动，从而反省自己的行为，达到解决纠纷的目的。李某与甘某因工作上的分歧而酿成纠纷，他们互相攻击，背后双方都散布对方的闲言碎语。领导多次找他们谈话，要他们开展自我批评，以团结为重，他们全当耳边风，最后发展到互殴。在这种情况下，单位党委书记老刘把他们请到了办公室，对他们严肃地说："你们两人互相攻击、殴打，你们知道这种行为是违法的吗？你们知道你们的行为损害了自己的形象吗？你们知道你们损害了干部队伍的形象吗？你们知道你们损害了共产党员的形象吗？如果大家都像你们这样，我们单位岂不乌烟瘴气，还能存在下去吗？你们要写出深刻检查，然后再看你们的态度作出严肃处理。"老刘的一席话犹如一顿棒喝，强烈地震动着他们的心灵，使他们从内心深处认识了自己行为的性质和恶劣的影响。因此他们当即向刘书记承认了错误，表示以后再也不闹矛盾了。

总之，只要我们根据不同的纠纷和矛盾采取不同的论辩语言艺术，就一定能取得实际效果，从而有效地防止矛盾或"纠纷"的激化，维护社会的安定团结，促进社会主义和谐社会建设。

# 第六章　论辩临场应变技巧

## 1. 见风使舵，随机应变

（1）论辩离不开随机应变

著名京剧表演艺术家谭鑫培，在一次饰演《黄金石》中的田单时，因为赶戏匆忙。出场后才发觉忘戴乌纱帽。台下观众一见，正感诧异，不料他灵机一动，不慌不忙地念道："国事乱如麻，忘了戴乌纱。"

还有一次，谭鑫培在《辕门斩子》中饰杨六郎，但这天饰焦赞的演员于匆忙间忘了挂须。上台后自己并没有察觉，谭鑫培一见，便生气地说："你父哪里去了。快快与我唤来。"那演员一时警觉，赶忙下场挂须，观众顿时叫绝。

在生活中，给人造成不利的情形各种各样，不可能有一个放之四海而皆准的化解方法。因此，如果你对某人的工作作风、处世方法不满意或有看法，就需要针对当时的具体情况随机应变。

有一些场合中，人们总是会碰到一些意想不到的事情，也许是自己言语失态，也许是周围环境令自己始料不及，也许是对方反应不如事先预料的那样敏捷。在这种情境下，人们有必要学会控制局势，也就是要随机应变，才不致使自己进退两难。

苏联诗人马雅可夫斯基在一次大会上对形形色色的听众演讲，幽默的话语不时引起台下阵阵笑声和掌声。结束时，忽然有个瘦高个挤到台前，伸长着脖子喊道："您讲的笑话我不懂！"

"您莫非是长颈鹿！"诗人感叹道："只有长颈鹿在星期一浸湿了脚，到周末才能感觉到呢！"

"我应当提醒你！"瘦高个吼道，"从伟大到可笑，只有一步之差。"

"不错。"诗人边说边用手指着自己和那个人，"从伟大到可笑，正

是一步之差。”

“你的诗骇人听闻，不能使人沸腾，不能使人燃烧，不能感染人。”瘦高个说。

“我的诗不是开水，不是火炉，更不是鼠疫。”诗人笑着答。

“您自己说应当把沾满尘土的传统和习性从自己身上洗掉，那么您既然需要洗脸，这就是说您也是肮脏的了。”瘦高个得意地挖苦道。

“那么，您不洗脸，就以为自己是干净的吗?”诗人反唇相讥。

瘦高个辩不过马雅可夫斯基，气急败坏地说：“您这样写诗是短命的，明天就会完蛋，您本人也会被人忘却，您不会成为不朽的人。”

诗人接着那人的话把顺势说：“那好，请您过一千年再来，到那时我们再谈吧，如果您还没有腐烂的话!”

诗人面对对方有计划、有目的的系列发难，沉着冷静，思维敏锐，应对巧妙，或反推对抗，或故作愚言，或采用博喻，既幽默风趣，又气势逼人，显示出非凡的应变才能和无可辩驳的逻辑力量。

论辩有时会出现不便于直接回答的问题，或者出现别有用心的议论，或者出现暗含侮辱的诘难……倘应对不当，常常会使自己陷入难堪的境地。于是，机辩术便成了这时候必不可少的利器。它在回避、辩辱、规劝、解窘等方面，都能发挥出一些特殊的作用。

圆智是清代乾隆年间宁波天童寺的当家和尚。他虽无点化之术，却颇有应变之才。

那年，乾隆皇帝只身微服南下。来到宁波后，便独往天童寺而来。圆智闻知此事，马上到山脚下等候。不一会儿，乾隆皇帝便来到了眼前。圆智在他身前合十躬身轻声道：“小僧天童寺主持圆智接驾在此，万望恕罪。”

乾隆问道：“你既然知道朕躬行到此，为何不率领众僧，大开山门，跪接圣驾？你这轻轻一揖，莫非有意亵渎圣躬?”

圆智不慌不忙地说：“小僧岂敢亵渎圣躬，只因为这次圣上南巡，乃是微服私访。小僧若劳师动众，恐引起游人瞩目，有碍圣上安康，故小僧只身悄悄在此迎候。”

乾隆听他说得入情入理，便恕他无罪，让他前面带路。爬了一段山

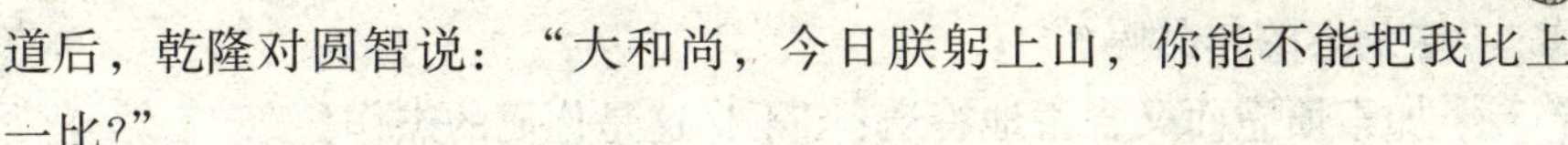



道后，乾隆对圆智说："大和尚，今日朕躬上山，你能不能把我比上一比？"

圆智闻言，笑着说道："万岁爷上山，好比佛爷领你登天，一步还比一步高。"乾隆一听，心里极不舒服：圆智自比佛爷，上风被他占了，可又无可指责，只好暂时作罢。

乾隆离寺时，圆智送他下山。乾隆便说："我上山时，你说我一步还比一步高，现在我下山了，你可怎么比？"

圆智稍思片刻，即从容笑道："如今又好比如来佛带万岁下山，后头更比前头高啊！"

"啊！"乾隆一听，折服圆智的口才。很有文化修养的乾隆皇帝未尝不知他是一种即兴胡诌，但却很欣赏圆智和尚的机智和处变不惊的幽默趣味。

要做到随机应变，需要我们用乐观的态度冷静地面对，使自己的精神处于一种自由的、活跃的状态。达到这种状态，人所说出的话语往往比通常情况下聪明得多，也有趣得多。这种话常常是机智而又幽默的。

英国著名作家狄更斯非常喜欢钓鱼。有一天，他正在钓鱼的时候，一个人走到他面前问道："怎么，你在钓鱼？"

狄更斯回答道："是啊，今天真倒霉，钓了半天，一条也没钓到；可昨天也是在这个地方，却钓了 15 条哩！"

那个人说："是吗？你昨天钓到很多鱼！"接着他又问："那你知道我是谁吗？我是这个地方的管理员，这条河是禁止钓鱼的，你必须缴纳罚款！"说着，他取出收据簿，要给狄更斯开票罚款。

狄更斯看到这个情景，连忙反问："那么你知道我是谁吗？"当那人被这一反问搞得摸不着头脑时，狄更斯对他说："我是作家狄更斯，你不能罚我的款，因为虚构故事是我的职业。"那人没办法，只好让狄更斯走了。

有的时候，幽默比聪明更胜一筹。

第二次世界大战期间，德军占领了巴黎。有一次，著名绘画大师毕加索将他揭露德国法西斯狂轰滥炸西班牙暴行的杰作《格尔尼卡》的复制品发给来参观的每一个德国官兵。一个德国秘密警察的头目问毕加

索："这是你的作品吗？"

毕加索愤懑而又含蓄地答道："不！这是你们的杰作！"

毕加索的机智，就在于把"杰作"这个词的肯定意义转化为否定意义，使得德国警察毫无办法。

（2）随机应变，抢得先机

应变的最终目的是使自己永远处于主动地位，驾驭事态发展，以实现既定目标。论辩者对外界情况突然发生的变化必须快速做出反应，巩固自己的防线，摆脱被动的局面。

第二次世界大战期间，美国的一批科学家要试制原子弹，他们把这项工程命名为"曼哈顿工程"。核物理学家西拉德草拟了一封信，由爱因斯坦签署后，请美国著名的经济学家、罗斯福总统的私人顾问亚历山大·萨克斯面呈总统，信的内容是敦请美国政府一定要抢在德国希特勒的前面研制原子弹。

1939 年 10 月 11 日，萨克斯同罗斯福进行了一次具有历史意义的谈话。萨克斯先向罗斯福总统面呈了爱因斯坦签署的长信，接着又朗诵了科学家们关于核裂变发现的备忘录。可是，罗斯福总统听不懂那深奥的科学论述，反应非常冷淡。

罗斯福对萨克斯说："这些都很有趣，不过政府如果在现阶段干预此事，看来还为时过早。"

萨克斯讲得口干舌燥也于事无补，就只好向总统告辞。罗斯福为了表示歉意，就邀请萨克斯第二天早晨七时共进早餐。鉴于事态的严重和责任的重大，未能说服罗斯福的萨克斯苦苦思索着说服总统的良策。

次日早晨七时，萨克斯和罗斯福总统共进早餐。萨克斯尚未开口说话，罗斯福就先发制人地说："今天不许谈爱因斯坦的信，一句也不许谈，明白吗？"

"先生，我想谈一点历史。"萨克斯笑着对总统说："英法战争期间，在欧洲大陆上不可一世的拿破仑在海上却屡战屡败。这时，一位年轻的美国发明家罗伯特·富尔顿来到这位法国皇帝面前，建议把法国战舰上的桅杆砍掉，撤去风帆，装上蒸汽机，把木板换成钢板。但拿破仑却认为，船没有风帆就不能航行，木板换成钢板就会沉没。他嘲笑富尔

顿："军舰不用帆？靠你发明的蒸汽机？哈哈，这简直是想入非非，不可思议？"结果富尔顿被轰了出去。历史学家在评论这段历史时认为：如果当初拿破仑采纳了富尔顿的建议，19 世纪的历史就得重写。"

罗斯福沉思了几分钟，然后取出一瓶拿破仑时代的法国白兰地，斟满了酒，他把酒递给了萨克斯，说道："你胜利了！"

萨克斯顿时激动得热泪盈眶。

在这个故事中，萨克斯如果再用直言劝谏的方式肯定是不行了。特别是罗斯福先发制人地提出"不许再谈"的禁令后，更是堵死了萨克斯直言相劝的路。这种情况下，萨克斯巧用历史借鉴法这种论辩之术，以古喻今，从而使罗斯福从一个历史的高度来认识这个制造原子弹建议的意义。萨克斯获胜完全应归功于他的随机应变。

在下围棋的时候，古人总结出了一句箴言：宁失一子，不失一先。先，就是所谓的"先手"。围棋中的先手意味着掌握主动权，对手会一直跟着你的棋路走。

围棋如此，论辩也是如此。所以，在论辩中，论辩者一定要想尽千方百计使自己或己方占据有利地形，抢得先机。随机应变的方法就是抢得先机的一种重要手段。

一天上朝，国王阿克巴问比尔巴："我的手掌上为什么不长毛？"

比尔巴为了嘲笑国王，故意答道："您经常用这双手向穷人和婆罗门学者进行施舍，因为摩擦所以手掌上不长毛。"

听到这一回答是对自己的赞扬，阿克巴心中暗喜。但他马上悟出，这是对自己的嘲笑，不过他没有吱声，他要寻找一个机会羞辱羞辱比尔巴。他想了一个自认为是好办法之后，就又问比尔巴说："你的手掌上为什么不长毛？"

比尔巴说："因为总是不断地接受施舍，所以摩擦也不长毛。"

国王又问："那么，我们宫中其他人的手掌上为什么也没有毛？"

比尔巴说："答案很清楚，当您给我或其他人施舍时，宫中那些可怜虫羡慕得直搓手，结果这样一摩擦，他们的手掌上也就没毛了。"

国王听后开怀大笑。

对于国王精心策划的一阵轮番攻击，比尔巴能够做出快速的应变对

策，显示了他非凡的随机应变的能力。

随机应变是论辩中非常重要的一种能力，它反映了论辩中论辩者思维的灵活性。人在思维的过程中，总习惯于按原有的思路进行思维，这就是心理学上所谓的定势思维。这种定势思维是由于先前的心理活动所造成的一种心理准备状态，当人们接触了一个新的事物时，总是要将它纳入思维原有的轨道中，使人们比较固定地去认知、反应。当然，如果遇到一般问题、熟悉的问题时，这种定势思维能够促使问题得到快速顺利的解决，但是，如果遇到一些意外事件时，原有的思维轨道没有“模式”不能接纳，就会使人瞠目结舌、束手无策。所以，一个出色的论辩者要在藏机露锋、诡谲多变的论辩世界中自由驰骋，就必须具备随机应变能力。这样，才有可能在论辩中立于不败之地。

（3）逆境下也要随机应变

一个出色的论辩者的随机应变能力突出体现在论辩处于逆境时。

尴尬局面的出现，往往是刹那间的事情，如果缺乏镇静，大惊失色，那只能是手足无措，乱上添乱。所以，遇到这样的场合，首先要做的就是保持冷静，冷静地观察局势，然后机智巧妙地应付尴尬，甚至将尴尬留给对方。

1988 年亚洲大专论辩会决赛时，针对“儒家思想可以抵御西方歪风”的辩题，反方复旦队说：

“孔子说，父母在不远游，照此说来，我们不是来不了新加坡吗？”

对此正方台湾大学队反驳说；“至于说父母在不远游，这一点不应断章取义，因为《论语》接下来还有一句‘游必有方’，就是出门要请示父母，回来告诉父母。”

这段辩词，引起观众的掌声。因为一般人只记前一句而忽略了后一句，台大队全文引用并给出另外解释，这就否定了对方论据的真实性，给对方造成了很大的威胁。而这时，复旦队一位队员力挽狂澜，辩护道：

“至于‘游必有方’游一程，请示一回，那么，‘游’到新加坡，我们这些风华少年都将变成垂暮老年，到时候，何颜以对新加坡？何言以对儒家文化？

这位辩手的发言，引起更为热烈的掌声，是这位辩手的应变能力使论辩出现了新的局面。

一个论辩者，如果只是会进攻，不会防守，肯定不会赢得论辩的胜利。因为对方肯定不会一味防守，放弃进攻，而且，对手也可能是论辩高手，这也就意味着，在论辩中，己方完全可能被对方“打懵”而仓促防守。在仓促防守情况下，己方应采取一些应急措施，顶住对手的攻击浪头，以挽救危局。否则，肯定会一败涂地。

## 2. 塑造环境，借景抒情

(1) 塑造论辩语境，事半功倍

不同的情境，有着不同的功用；不同的情境，也有着不同的风格。让情境风格适应于我们的说服（或论辩）的目的，往往可以取得事半功倍的效果。反之，只会事倍功半，甚至事与愿违。

晋朝的乐广发现一个好友久不来访，原来是这个朋友上次在乐广家做客，举杯将要喝酒时发现杯里有条蛇，因为不好直说，结果喝下去了，所以现在得了重病。乐广回家查看，发现那间屋子的墙上有一把弓，弓上描画着蛇纹，于是按照上次的摆设重新摆下酒席，复现了上次饮酒的环境，把那个病中的好友给硬请来了，然后问他：“你在杯中看见了什么没有?”朋友说：“和上次看见的一样，杯中有蛇!”乐广于是说：“这杯中的蛇就是墙上弓的影子啊!”客人抬头瞧瞧墙上的弓，不再坚持杯中有蛇的观点，病立即就好了。

通过克隆再现特定的具体环境，可以反驳对方的虚假论题。杯弓蛇影的故事说明了环境对一个人的影响。

1890年，马克·吐温一行20余人参加道奇夫人主持的盛宴。不一会儿，宴会里的人都在跟旁边的人谈话，嗓音越提越高。马克·吐温觉得有伤大雅，而如果这时大声制止也是不合适的，于是对邻座的一位太太说：要让这场吵闹静下来，法子只有一个。您把头歪到我这边来，仿佛对我讲的话非常好奇。我就这样低声说话，旁边的人就会好奇。我只要叽叽咕咕一阵子，他们就会一个个地安静下来。”接着，他就低声讲

了起来，讲了没多久，寂静果然蔓延开来。这样，马克·克温就用更轻的声音一本正经地讲了下去，直到餐厅里一片寂静。见时机已到，他才开口说明为什么要玩这个游戏，请他们从此要讲些礼貌。不要同时尖叫。当然，人们以行动同意了他的意见。

借助情境，加以联想，乘势发挥，可以使讲话的主题更加突出，论证更加有力。当然，借助情境的方法无章可循，自由度大，需要一个人卓越的心智。

一个店员把一个正在生气的顾客带到一间安静的房间里，进去之后，还把门给顺手轻轻关上了，准备和这位顾客好好谈一谈，没想到顾客的声音比先前还要大，连连高声叫喊："到底要做什么？想把我关在这里吗?"原来，这个房间给人的感觉实在是太冷，只有相对而望的两张椅子，还有一张显得孤零零的桌子。窗子有点小，屋子被收拾得异常干净，充满了一种肃穆得叫人紧张的气氛。那个店员经常进进出出，没觉得有什么不妥，但那个顾客却是第一次进来。

无疑，这个忽略环境的谈判最后一定以失败告终。

创造出特定的情境，可以向对方传递出特定的信号，为交际活动起到极好的铺垫作用。

1942 年黄炎培任国民参政员时，为推动国共团结商谈，从重庆飞赴延安访问。毛泽东在当时的中央所在地杨家岭大会堂会客室接见了他。会客室的四壁挂着几幅画，其中一幅画有一把酒壶和几只杯子，上写"茅台"，并有黄炎培题词：

相传有客过茅台，酿酒池中洗脚来。

是真是假我不管，天寒且饮两三杯。

这幅画是沈钧儒次子叔羊在国民党掀起第三次反共高潮中，为父亲"画以娱之"的。在请黄题词时，他想起谣传红军在茅台酒池里洗脚，题为讽喻，没想到竟会挂在中共领袖会客的客厅里，因此他倍感亲切，知遇之情顿涌心底，于是敞开心扉与毛泽东进行了促膝长谈，并造成了他人生历程的重大转折。

尺幅的天地就是如此之大，创造论辩情境的天地之大就无须论述了。

在日常生活中，“虚拟”出类似这样的情境，实属无奈之举，但也可偶尔为之。

1936年，在全国一片抗战呼声的情况下，蒋介石的侍从晏道纲到东北军任参谋长，以蒋的化身自居，督促剿共，趾高气扬。东北军将领对此敢怒不敢言，而王明哲军长却借一次宴会之机，醉醺醺地当众发表起演说来：

……我们的老家在东北，被日本人占了！我们以为委员长能领导我们打回老家去，我们从东北、华中，这次又到西北，辗转数万里，无非是想实现打回老家的愿望！……谁想，到陕西打仗，损失得不到补充，牺牲的官兵和家属得不到抚恤，阵亡的遗族流落西安，一点救济办法都没有……张副司令（张学良）的处境更让人伤心，他每月的收支费才十万元，还赶不上胡宗南师长……真令人伤悲啊！

说着，王明哲豪啕大哭，泪流满面。在座的东北军将领无不悲痛，晏道纲坐在席间极其尴尬却无法发作，因为大家都以为王明哲醉了。

回家的路上，王明哲问随从：“你看我的这出戏演得怎么样?”随从这才恍然大悟，明白他根本就没有醉，而是借着耍酒疯，把东北军想打回老家去的心里话和对蒋介石消极抗日的不满发泄出来。

（2）改变语境，营造氛围

改变语境，营造新的言语氛围，可以由假而真，或由真而假，真真假假，饱含幽默、诙谐色彩。

论辩时，有些内容不适合在一定的时间和环境里表达，这时，必须改变语境，营造出一个新的言语氛围，方可收到绝妙的表达效果。

巧改语境，不仅能使语句由假变真，而且可由丑变美，由贬变褒。

绍兴徐文长是著名的才子，有一个传说称：

徐文长为某君写一副对联，此君善拍马溜须，吹捧上司。此人看也不看，立刻将对联呈献县太爷为生日寿礼，县官一看，气得要命，因为对联写着：

县令大人不是人，

养个儿子要做贼。

县令传令，捉拿徐文长。徐文长早有准备，说：“小生的对联尚未

写好，他就派人强行拿走，这怎能责备小生呢？”

县太爷立即叫人取笔墨，令徐文长接着写完整。徐文长不假思索，挥笔就写：

县令大人不是人，本是南山老寿星。

养个儿子要做贼，偷来蟠桃献父亲。

“好！好！”众人一看赞不绝口，县太爷也喜上眉梢。

改变语境，可以化贬斥为赞颂，亦可化赞颂为贬斥，且带上幽默诙谐的色彩。

清代有一贪吏，平时鱼肉百姓，贪酷闻名。正月初一，他在衙门口贴了一副春联：

爱民若子；执法如山。

人们看了，不禁哑然失笑。不久，有人在每句下面各添几个字，变为：

爱民若子，金子银子皆吾子也；

执法如山，钱山靠山为其山乎。

这样一改，入木三分地揭露了这位贪官的丑恶嘴脸。

生活当中，语言的表达含义一般是比较明朗的，倘对方不“配合”，巧变语境，那结果就很难说了。我们看下例：

两个人到餐馆吃饭。侍者端来一碟鱼，里面有两条，一大一小。其中一个先下手为强，吃了那条大的。另一个骂他没修养，不会礼让，并说：“如果是我先吃，我会先吃小的。”那人答道：“你有什么可埋怨的，小的正在呀！”

这位吃大鱼者可以说是诡辩，但我们不能否认他的表达是机敏的。

（3）选择情境要注意的问题

讲话或者论辩，应该注意情境和对象。这正如哲学大师黑格尔所言：“既然要产生一种活的实践效果，演说家首先要充分考虑到演讲的场合以及听众理解能力和一般性格，否则他的语调就会由于时间、地点和听众都不适合而不能达到所向往的实践效果。”

不同的环境有着不同的意义，在论辩中，只有选择那些和论辩的内容、目的相一致的环境，我们才容易收到预定的效果。

①避免到对方的“地盘”去交谈。这个“地盘”主要是指对方的办公室和家里，因为在这些地方，主人易于说服对方。

②可以在正规场合与性格内向的人说话，可以在轻松的场合与性格外向的人说话。

③宽敞舒适的地方是说服或者论辩的首选。当对方的地位、年龄和实力都在我们之上的时候，我们更应该选择宽敞舒适的地方。

④不要坐在人来人往的地方与人论辩，防止双方心慌意乱，情绪波动。

⑤在自己的房间或客厅里谈话，比在别人的房间或客厅里谈话更能说服人。

⑥在上司的办公室，尽量不要坐在上司的正对面。上司的椅子是个权力的象征，忽视它，对双方都有好处。坐在上司的侧面，可以减轻与之交谈的压力。

⑦可以在容易使人赏心悦目的地点与不思悔改或者情绪低落的人说话。

## 3. 就地取证，借题发挥

(1) 就地取证

某次在以“做好商业服务工作要靠顾客理解”为题的论辩赛上，由于对抗相当激烈，正方的一名队员失于冷静，言语中带有人身攻击的意味。反方一名队员反应敏捷，当即抓住对方的失误作为论据，来证明自己的观点：

“我们说，做好商业服务工作主要靠服务员的事业心和责任感，不能看顾客是否理解来决定我们的服务态度，就像我们今天来参加这场论辩赛一样，不能因为对方的态度不好，不理解，我们就不好好地参加这场论辩赛，应该是无论对方是否理解，态度如何，都要认认真真地把比赛进行下去，取得预期的成功。如果像你对方所主张的那样，只有顾客理解才能把工作做好的话，我们的这一次论辩赛不就无法进行下去了吗?”

这段辩词赢得了观众的热烈掌声，同时也无可辩驳地证明了己方的观点，论辩胜负的转机就在于反方灵活巧妙地运用了就地取证法。

就地取证就是辩者在论辩过程中及时抓住论辩现场的某些事物和情况作为论据，来反击对方观点、论证己方观点的一种方法。

就地取证可以取静态的事物，也可以取动态的事物，还可以取历史史实。前二者直观性强，后者为当地人所熟知，因此此法具有很强的辩驳力。

在一次以“改革开放的年代还需不需要雷锋精神”为题的论辩赛上，反方队员坚持提倡有志青年要干大事业、有大作为，不能在细枝末节的小事上花精力。正方队员立即进行反驳：

“大事业是由具体小事积累而成的。就像我们这所教学大楼，是用一块砖一块砖垒起来的，我们地上铺的地毯，是用一根根毛线织成的。很难想象，连一砖一线这样的小事都不愿做的人，能够成就一番大事业！”

这种就地取证信手拈来，通过形象的比喻，雄辩有力，给人留下了鲜明的印象。

要运用好这种就地取证的方法，就必须熟悉现场和当地的情况，要洞察人微，随机应变。

一次，一个小贩在集市上卖豆角，每斤 2 元，买主还价 1 元 5 角。正在僵持不下时，那个买主从口袋里掏出香烟准备吸烟，小贩见那香烟比较贵，就灵机一动，说：“小伙子，你为了争 5 角钱，花了这么长时间，其实只要少抽一支烟，就足够了。一斤豆角就可以炒一大盘菜，还不到两支烟钱。”

买菜者一听这话，“争劲”顿时没了，掏出 4 元钱就买了两斤。

小贩思维敏捷，就地取证，巧妙说理，买菜者为之折服。

就地取证由于所引证的事物往往都是论辩者在现场或当地的所见所闻，是大家有目共睹的，生动具体，直观真实，因而这是一种一点就明、一说就透的雄辩方法。这种方法在赛场论辩中使用频率很高。

在论辩中要用好就地取证的方法，就必须熟悉现场的情况，并且善于洞察事态的发展，抓住机遇，随机应变，适时出击。

（2）借题发挥

英国诗人乔治·莫瑞是一位木匠的儿子，他很受当时英国上层社会的尊重。他从不隐讳自己的出身，这在当时英国社会是极为少见的。

一天，一个纨绔子弟与他在一处沙龙相遇，嫉妒异常，欲中伤诗人，便高声问道：

"对不起，请问阁下的父亲是不是一位木匠？"

诗人回答："是的。"

纨绔子弟又说："那你父亲为什么没有把你培养成木匠？"

诗人微笑着回答："对不起，阁下的父亲想必是绅士？"

纨绔子弟傲气十足地回答："是的！"

诗人又说："那你父亲怎么没把你培养成一位绅士呢？"

面对纨绔子弟的恶意提问，诗人没有正面回答，而是就势发挥，根据对方的方式进行反问，使纨绔子弟丢脸献丑，偷鸡不成反蚀米。

借题发挥的好处是说理性强，易于使人接受，常常起到绝妙的说服作用。

"借题发挥"是指借用对方的话题，合乎逻辑地加以发挥，合理想象，上挂下连，纵横捭阖，把对方置于不利的地位。

罗蒙诺索夫出生于一个渔民家庭，生活贫困，成名后仍然保持俭朴的作风，毫不讲究穿着。一次，一个爱讲究穿着，但不学无术的人，看到他衣袖的肘部有个破洞，想起罗蒙诺索夫整天只是一心研究学问，便自作聪明地指着他衣袖上的窟窿挖苦地说："从那儿可以看到你的博学吗？"罗蒙诺索夫镇静地回答说："不，一点也不，先生。从这里可以看到愚蠢！？"

罗蒙诺索夫借用衣袖上的破洞话题，严正指出用衣袖上的破洞来衡量一个人的学问，正好暴露了其愚蠢无知，对此作了尖刻的讽刺和尖锐的批评。

生活离不开借题发挥。离开借题发挥的生活是无趣的。

据说美国五星上将卡特利特·马歇尔还利用借题发挥娶了一个漂亮的老婆。

事情的经过是，马歇尔在他驻地的一次酒会上认识了一位漂亮的小

姐，酒会一结束，就请求这位小姐答应让他送她回家。这位小姐的家就在附近不远。可是马歇尔开了一个多小时的车才把她送到家门口。小姐于是问："你来这里不是很久吧？你好像不太认识路似的。"马歇尔微笑着借题发挥说："我不敢那样说，如果我对这个地方不熟悉，我怎么能够开一个多小时的车，而一次也没有经过你家的门口呢?"这位小姐听出了这位心慕已久的将军的意思，于是也"借题发挥"，干脆嫁给了马歇尔。实际上，马歇尔是最初的出题者。

运用借题发挥这一方法，我们可以就对手所提的话题易位思考，让对方置身于我方的地位，甚至仿照对方的判断，以加倍于对方所使用的力量还击对手。

俄罗斯的一个著名的丑角演员杜罗夫一次正在休息，一个观众讥讽他说："丑角先生，观众对你非常欢迎吧?"杜罗夫说："还好。"那个观众又说："你是不是生来就有一张愚蠢而又古怪的脸，所以受到观众欢迎呢?"杜罗夫于是回答说："是的。如果我有一张像先生您那样的脸蛋，我一定能够拿到双薪。"那个观众听了，只好灰溜溜地走了，因为他懂得杜罗夫的意思是：如果我不是由于表演艺术而是由于一张又丑又蠢的脸才受到观众的欢迎，那么你的脸加倍愚蠢和丑怪，就可以拿双份薪水了。

借题发挥关键是看借什么题，题大影响才大。在外交场合，借题发挥方法的运用，常常能够收到神奇的效果。

1960 年 4 月，周恩来总理在尼泊尔首都举行记者招待会，当谈到中尼两国对珠穆朗玛峰的看法不一致的时候，有美国记者问："关于珠峰问题，你在这次会谈中是否已经作出决定？你刚才讲的话，含义是由中尼两国把它平分。"

周恩来借记者提问之机，寥寥数语，就巧妙地重申了中国的睦邻友好政策："无所谓平分，我们还要继续进行友好的协商，这个山峰把我们两国联结在一起，不像你所想的那样会把我们两国分开。"

（3）引用对方的事例批驳对方

所谓借力打力，就是借助于对方所举的事实或引用的理论，巧妙地换一个角度，借题发挥，使问题回到本方立场上来，或者得出有利于本

方的结论。借力打力能起到“四两拨千斤”的作用。

先看关于“人类社会应重义轻利”论辩中的一节辩词：

正方：任何脱离了义的利都是万恶之源。四川某地有一个招生办主任叫石仁富（音）向考生受贿40多万元，他富是富了，可是仁义却没有了呀！

反方：请问对方，他是为了利吗？我们认为，他的举动，完全有害于人民，有害于社会，那是害呀！

对那个受贿的招办主任，正方认为他是为了利，因利而忘义；而反方借助对方这个事例，变换立场，认为这是有害于人民与社会，得出这是“害”的结论。“利”与“害”两个词分量不同，性质不同，反方的定性更准确些。反方借力打力，体现了高超的应变才能。

再看关于“人性本善”的论辩中的一段辩词：

正方：我倒想请问对方辩友，在人性本恶之下，我们为什么要法律，为什么要惩治的制度呢？

反方：对呀，这不正好论证了我方观点嘛！（笑声、掌声）如果人性都是善的还要法律和规范干什么？（掌声）

正方台湾大学队举出现实中存在着法律与惩治制度，以此来证明“人性本善”，因为人都是恶的，就不会建立法律与惩治制度，去限制和打击“恶”。但反方复旦大学队以正方的同一前提出发，变换立场和角度，得出了与对方截然相反的结论：如果“人性本善”就根本不必制定什么法律与惩治制度，正因为现实中存在着法律与惩治制度，那就证明人性不善。反方用正方所举的事实，给正方的立论以致命的打击，并巧借对方之口，论证了己方的观点。

（4）逆境中的借题发挥

有时，对方提出的问题和自己想说的话不一致，这时，就应该大胆地跳出提问的范围，借题发挥，谈出自己的见解来。

宋朝的《过庭录》中记载：北宋官僚王质，开饭时，桌上罗列着种种珍美的菜肴。恰好王质家聘用的教师水先生来了，王质指着这些菜肴问水先生：“请您看看，哪一样菜最能下饭？”

水先生仔细端详了所有的菜肴，好一会儿才说：“这些菜都不怎么

样，只有‘饥饿’是最能下饭的。”

在这个故事中，王质是想在水先生面前夸耀一下自己的阔绰，然而水先生不想捧场，非但不想捧场，还想泼一瓢凉水。于是，水先生便在众“菜肴”之外，又答出“饥饿”来作为“下饭”之最佳者。

1920 年 2 月 18 日，列宁接受了美国《纽约晚报》记者的采访，其中一个问题是“对盟国要求交出战犯的看法如何?”

列宁回答道：“如果要认真的话，那么战犯就是各国的资本家。把土地超过 100 公顷的地主和资本超过 10 万法郎的资本家全部交给我们吧。我们一定能教会他们从事有益的劳动，教会他们不再扮演可耻的、卑鄙的、血腥的角色，充当剥削者和为瓜分殖民地而发动战争的罪犯。这样，战争很快就会绝迹了。”

当时，第一次世界大战刚刚结束不久，美英法等盟国正在向战败的德奥等国要求交出战犯。这些战犯一般都是战争时期的军政要人。列宁认为，“战犯就是各国的资本家”这一见解是与众不同的。因此，列宁的回答也是属于“跳出圈子”答题的妙例，它能给世界人民以极深刻的启迪。若在原问题给定的范围内打转转，无论如何也表达不了如此深邃的思想。

## 4. 以毒攻毒，针锋相对

(1) 针锋相对语言的特点

针锋相对要注意语言的运用。

①和谐的语言形式

1900 年，美法等八国联军侵入中国，先后占领了天津和北京，腐败的清政府吓得慌作一团，急忙屈膝求和。在一次清政府与八国联军代表议和的会议上，有一联军代表傲慢地对清政府代表说：“听说你们中国有一种独特的文学形式，叫做对联形式。现在我出一首上联，诸位能对上吗?”说罢，他环视一下四周大声念道：“琴瑟琵琶，八大王，王王在上。”八国代表马上明白了他的意思，发出一阵狂笑。

面对对方的挑衅，清政府的代表，有的尴尬、苦笑，有的虽然怒目

圆睁，却无词答对。忽然，一位年轻的秘书霍地站起来，随口高声念出下联："魑魅魍魉，四小鬼，鬼鬼犯边。"

八国联军代表听罢，相视愕然，目瞪口呆。

这位秘书运用针锋相对，就是针对八国联军这些侵略者不可一世的傲慢态度，同样对之以下联。不但对仗工整，而且运用对联形式，义正词严地指责了对方的侵略"犯边"。

嘲讽人，有时用散句，有时用韵文；有时引经据典，有时寻章摘句；有时讲寓言、说笑话，有时对诗句、用俗语。或明或暗，海阔天空，灵活机动。针锋相对的语言表达形式，常以与对方的表达形式对称为高明之举。即是说，对方以诗句嘲你，你必须也以诗句回敬；对方摘引了经典上的句子，你也得对之以经典上的句子，不然即等于承认自己无学识而甘拜下风。

②同一的攻击目标

19 世纪德国诗人海涅是个犹太人，常常遭到无礼的攻击。在一次晚会上，一个旅行家对海涅说："你知道在塔希提岛上最引起我注意的是什么？在那岛上居然没有犹太人和驴子！"

这位旅行家把犹太人和驴子相提并论，借以侮辱是犹太人的海涅。海涅哪里能吃这个哑巴亏？他听了冷静地答道："不过这种状况是可以改变的——要是你我一起到塔希提岛上，就会弥补这个缺陷！"旅行家被奚落得面红耳赤。这位旅行家知道，海涅说没有犹太人和驴子的岛上，因为去了海涅（犹太人）和他这位旅行家就弥补了这个缺陷，显然，是将他比作"驴子"无疑了。

海涅的针锋相对之所以有力，就是因为他没有回避论题，而是镇定自若，面对恶语攻击，就地取材，并同样以侮辱对方的人格为针锋相对之"箭"，充分体现了攻击目标的同一性的特点。

针锋相对有一个特殊规律，即反击的性质不由自身决定而由攻击者决定。如果对方发动攻击时是侮辱性的，则反击也是侮辱性的。对方如果是带着几分讥讽的，反击也就得带几分讥讽。如果对方发动攻击是调笑性的，反击的语言同样也应是调笑性的。对方以辩方生理缺陷或人格为戏谑，辩方必也以其生理的毛病或人格为回讽目标。如对方以辩方姓

名字号开心，辩方也须从他这方面做文章。这样做，虽然回旋余地小，难度大，但是具有较大的反击力。倘若别人说辩方品德有亏，辩方却只说他生理缺陷，则令反击苍白无力。

③把握言辞的分寸

就戏谑人的动机上来讲，有善意与恶意之分；就被嘲讽者与反击者的关系上来论，有亲疏、远近、尊卑之别。因此，反击讲究分寸性，“点到为止”，即恰到好处，不可穷追不舍。失去分寸，即或反击得胜，也将造成得不偿失的严重后果，影响论辩的理想效果。分寸适度与否，往往取决于反击方式的选择与词语的运用。

（2）针锋相对在论辩中的重要作用

针锋相对运用的原则，是不回避原论题，要针尖对麦芒，要锐化攻击的锋芒。针锋相对运用的方法，是借对方的技法，成套地搬用对方的逻辑，用对方讲的道理和办法来组织反击的语言。

被称为铁石心肠的日本总理大臣吉田茂，晚年丧妻。在一次记者招待会上，一位风骚的西方女记者故意挑逗他：“请问阁下，您对女人感不感兴趣?”显然，在公众场合向一位国家领导人提出这样的问题，是极不礼貌的。吉田茂看了这位女记者一眼后，冷冷地答道：“过去很感兴趣，但自从看到你以后，我对女人就再也没有兴趣了。”这位风骚的女记者被当众奚落，自讨了个没趣。

针锋相对这一论辩技巧往往都是在一瞬间完成的，因此，它要求论辩者头脑冷静，思维敏捷，反应神速，遇变不惊，对对方的恶语不躲不惧，直面迎击。

约翰·威克斯是英国18世纪的一位作家和政治活动家。有一天，上议员桑得韦奇当众辱骂他说：“你将来不是死于梅毒，就是死于绞架。”威克斯答道：“那就要看我是拥抱阁下的情妇还是亲吻阁下的理论。”

威克斯的反击既冷静沉着，又出语如刃，足以削铁。

针锋相对面对对方的挑衅，既能维护自己的尊严，又能维护自己的利益。

（3）针锋相对地运用幽默

有一天，著名诗人海涅正在伏案创作，突然，有人敲门，原来是仆人送来一件邮包。寄件人是海涅的朋友梅厄先生。海涅因紧张地写作而感到有些疲倦，又因被人打断写作思路而显得很不高兴。他不耐烦地打开邮包，撕了一层又一层，终于拿出了一张小小的纸条。只见小纸条上写着短短的几句话："亲爱的海涅，我健康而又快活！衷心地致以问候。你的梅厄。"

虽然海涅感到不耐烦，但是这个玩笑还是逗得他十分快乐，疲倦感也随即消失。他调整情绪后，决定对他的朋友也开一个玩笑。

过了几天，梅厄先生收到了海涅的一个邮包。邮包非常沉重，以至于他无法把它带回家。他只好雇了一名脚夫帮他扛回家去。到家后，梅厄打开了沉重的邮包，惊奇地发现里面居然是一块大石头。石头上有一张便条，上面写着："亲爱的梅厄！看了你的信，知道你又健康又快活，我心上的这块大石落地了。我把它寄送给你，以永远纪念我对你的爱。"

人生路上，总会有些不如意，总会有些无奈。而幽默这种特殊的情绪表现，可以淡化人的消极情绪，消除沮丧和痛苦；让我们寻回幻想和自信，让我们脱离尴尬的窘境，让我们的心态在沉重的压力下得到松弛和休息。

幽默的人心智成熟，他们知道人生苦多乐少，一方面懂得用幽默消除工作上带来的紧张和焦急，另一方面还会用达观、积极的态度去克服困境。面对苦难，他们懂得借幽默抚慰自己的伤痛，使自己好过些。

(4) 针锋相对常见的手法

针锋相对在论辩中的运用方式，我们归纳为下述几种：

①把对手引入窘迫的环境

一天，英国戏剧家肖伯纳正坐在沙发上沉思，坐在他旁边的美国金融家对他说："肖伯纳先生，如果您让我知道您正在思考什么的话，我愿意给您一美元。"

肖伯纳抬起头，望了他一眼说："啊，我的思考一美元也不值，因为我所思考的正是你。"

金融家想以一美元来耍笑肖伯纳，肖伯纳"接过"这廉价的一美元，设计了一个圈套，把它与金融家串联起来，使金融家成为被戏弄的

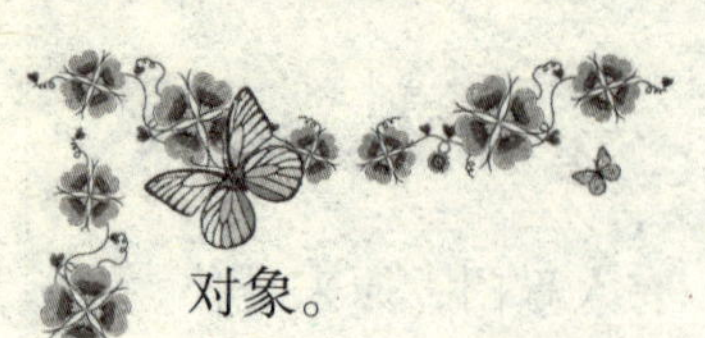



对象。

当对方蓄意制造出一种使人难堪窘迫的局面时，最好的解脱方法莫过于把对方引入这一局面之中，让其自食其果，作茧自缚。

②用同样的事物做比喻

有些对手常常用不雅的事物作比，如讥讽、贬低别人的人格。遇到这种情况，你不妨采用同样的思路，用作比式，给以反击。

俄罗斯著名作家克雷洛夫，身体肥胖，面色较黑。一天他在郊外散步，遇到两个花花公子，其中一位笑着嘲讽道："你看，来了一朵乌云。"

两位花花公子把克雷洛夫作比成"一朵乌云"来进行嘲笑。克雷洛夫也不示弱，立即反击："怪不得青蛙开始叫了！"

用幽默的语言、幽默的推理方式驳人，比直接驳人要含蓄得多。而这些字眼又是从对方口中接过来以合乎逻辑的方法回敬过去的。对方再要反击，除了取消刚才所说的话以外，别无他法。

③运用点睛之语针锋相对

点睛式针锋相对，就是针对对方的讥讽攻击之词，运用点睛之语，点明事物的本质和问题的要害，"拨乱反正"，使真相大白，将对方陷于不利境地。

苏联首任外交部长莫洛托夫是一位贵族出身的外交家。在一次联大会上，英国工党一位外交官向他发难，说"你是贵族出身，我家祖辈是矿工，我们两个究竟谁能代表工人阶级呢？"莫洛托夫面对挑衅，不慌不忙地说："对的，不过，我们两人都当了叛徒。"

在这里，莫洛托夫就是运用点睛式针锋相对。他不与对象在现象上纠缠，而是抓住实质问题，指出了各自都背叛了原来的阶级这一要害，画龙点睛，一语中的，使对方搬起石头砸自己的脚。

（5）针锋相对的注意事项

在说辩中，我们运用针锋相对应注意以下几点：

①把握语言的尺度和分寸

针锋相对的第三个特点，就是"言辞锋芒的分寸性"。在运用针锋相对时，言辞必须把握适度，讲究使用得当。要根据双方关系的紧张程度，掌握好反击的“度”，一味反击，只图一时痛快，超过了一定的“度”也是不合适的。

据说有一次美国前国务卿基辛格对周恩来总理说：“我发现你们中国人走路都喜欢躬着背，而我们美国人走路都是挺着胸的，这是为什么？”当然，不能说这话是十分友善之谈，但是对立的气势并不浓，本身带有很强的调侃色彩，所以如果反击太大就不合适了。于是周总理笑了笑，同样用调侃的口吻说：“这个好理解，我们中国人在走上坡路，当然是躬着背的，你们美国人在走下坡路，当然是挺着胸的。”说完哈哈大笑。

可是在极其卑劣的事和人面前或者外来的侮辱太甚，令人忍无可忍之时，我们就要以眼还眼，以牙还牙。

②反应灵敏准确把握时机

针锋相对这一论辩技巧，都是在瞬间完成的。因此，它要求反击者的思维要敏捷，反应要神速，时机把握应准确，片刻的瞠目结舌或迟疑呆笨，都是失败的表现。

③心态要冷静

皇帝在宴会上赐给每个人一套华丽的衣服，同时叫来了阿凡提，把一块披在毛驴身上的麻布披在阿凡提身上。阿凡提恭恭敬敬接过麻布，再三道谢。然后高声向客人说：“贵客们，皇帝赐给你们的衣服，虽然华贵，可都是从集市上买来的，但是赐给我的，却是他自己的皇袍。”

阿凡提把侮辱奉还给了皇帝，而且还彬彬有礼。皇帝没有占到便宜，又想出一个鬼主意。他把一条卷毛的哈巴狗交给阿凡提，摸摸翘胡子，洋洋得意地对阿凡提说：“阿凡提，我把这条我最喜欢的哈巴狗交给你，你必须好好地照管他，像照管你最喜欢的亲生孩子一样！”“是的，我的陛下。”阿凡提把狗搂在怀里，轻轻地抚摸着卷卷的狗毛，毕恭毕敬地对国王说：“我还要像恭敬服侍陛下您一样地照管他，让它的精神天天和您一样，轻松而愉快！”

在上述两例中，阿凡提虽遭国王侮辱，但他不惊、不怒，从容不迫地运用针锋相对，并以幽默为武器，给对方以抨击。

当对方恶语似箭，来势凶猛时，如果能表现出高度的冷静和强烈的自信，甚至伴以微笑，这本身就是一种强者的姿态。这种从容镇定的姿态，会给对方以威压，产生巨大的精神力量。同时，也只有这样，才能使自己在冷静中急中生智，为自己反击赢得思考和选择的时间，敏捷地发挥自己的思维能力和语言设计能力，迅速发现并抓住对方话语中的漏洞、偏颇及不实之处，且以此为突破口，锻造语言的“利剑”，给以反击。如果情绪过分激动，慌张胆怯，只会抑制自己的思维活动，使自己处于不利的境地。

进而言之，如果像个没教养的莽汉那样，一触即跳，骂骂咧咧，怒而失态，丑态百出，以谩骂对讥讽，那就更糟，不但不能回击对方，而且会使自己处于更加不利的地位。因此，不惊、不怒、从容不迫是首先要注意的。

## 5. 适当时刻，妥协让步

(1) 适时妥协是必需的

可以说，婚姻一开始就是一种妥协的产物。

男女之间想象中的“王子”、“公主”与现实中的恋爱对象总有一定的差距，面对“固执己见”的姑娘小伙们，介绍人总要开导他们放宽条件，说什么“这位先生各方面条件都达标了，就是身高差了2厘米，不过他今年才20岁，还可以长高”，或者“别总是看人家姑娘的缺点，结了婚有了感情，什么黑呀白呀，看惯了就完美了”，而这么一说，双方一般来说也就“凑合”了。而婚前就有一种妥协感的夫妻，由于在婚姻生活中仍然不忘妥协原则，一般来说并不比那些曾爱得死去活来的夫妻生活得差。

论辩也是一样，懂得彼此妥协，才会共享胜利。

在20世纪，印度的国父莫汉达斯·卡拉姆昌德·甘地奉行“勿以暴抗暴”的不抵抗主义，最终获得了胜利。在亚穆纳河之滨，印度为怀念他建造了一座纪念碑，纪念碑是用黑色砖头修建的普通平台式建筑物，上面用英文和印度文铭刻着他的教诲：“我希望印度自由强盛，敢于牺牲自己，勇于创造一个美好的世界。每个人应当为自己的家庭牺

牲，每个家庭应当为自己的县牺牲，每个县应当为自己的省牺牲，每个省应当为自己的国家牺牲，每个国家应当为全人类牺牲。我期望‘天国’降临尘世。”

虽然时至今日，正像甘地晚年所担心的那样，他的继承人抛弃了他的教诲，但在人们日常生活的种种论辩中，不抵抗主义可以大派用场。

其实何止于甘地，这个世界上的所有胜利，有哪一个不是经由妥协而取得的？

不抵抗主义貌似妥协，实则是一种攻击的方法。在日常的人际交往中，谈论的话题十有八九不是学术性上的问题，也不是国与国之间外交上的原则问题，消遣多于研究，大可不必认真，大家说说笑笑便行，不必费心费时做更高的研究和争辩，所以有时候胜败无妨。胜败无妨者，自然就高人一筹。

与人发生无意义的争辩，不仅使个人的精神、时间、身体都蒙受了莫大的损失，而且使自己减少了合作能力，进步自然也就受到了限制。疯狗争路，那就立刻让开它，缩短我们赶路的时间。否则，如果被它咬上一口，虽然我们可以把它打死，但我们已经得不偿失，甚至还可能因此染上狂犬病。

罗斯福总统虽然没有在与对手的论辩中真正打出白旗，但他也算是深谙此道——对于反对党，他往往会和颜悦色地说：“亲爱的朋友，我们两个的见解自然不同，让我们来讲些别的话题吧！”随后，他会使出别的手段，使对方放弃了自己的意见，而去接受他的主张。

成功者的第一步都是避免争辩，在尽量避免争辩中为自己做事赢得时间，并以免除争辩来感动人心，为自己做事赢得支持。而在绝大多数情况下，你的意见应当以谦虚的态度说出来，不可以表示一种不容置疑的态度，以免引起别人的反感。

（2）妥协要选择好时机

妥协时机的选择，往往决定了妥协的成败。那么什么时候才是妥协的最佳时机呢？

我们可以选择在结论明晰的时候妥协。

在这个时候的妥协，是向结论妥协，根本就无损我们的尊严。——结论的得出一般都是建立在参与论辩的基础上，没有经过深人的论辩，向结论妥协就毫无意义。

在对方因为没有胜利而痛苦不堪的时候也是我们妥协的时机。

严格说起来，这是一个永远在寻找结论却又永远寻找不到结论的世界，而我们在日常生活中自以为找到的结论，往往不是似是而非，就是过于琐碎。如果你同意这种看法，那我们就把似是而非的琐碎的胜利送给对方，让对方去享受似是而非的琐碎的得意。这个举动将使我们获得一种做好事、做好人的感觉，在一种“完全彻底为他人利益而奉献”中获得心理的平衡和心情的舒畅。

还有就是自己另有更重要的事情需要马上去办的时候我们也要考虑是否妥协。

衡量一番轻重缓急，如果另外有事情比继续论辩更为重要，你当然不如宣布自己失败，然后我行我素地去干你自己的事情。

总之，达成妥协要遵循六项原则：

一是遇到矛盾和争执，当然要亮明自己的观点，但未必要坚持到底。

二是力求在妥协中找些积极的因素，而不是觉得在忍气吞声中受了多大的委屈。

三是受降如受敌，接收来降之敌，要像迎战来攻之敌一样，对待降敌仍然需要保持高度警惕和戒备，以防欺诈。

四是不让对方错以为你软弱和缺乏主见。

五是面对对方的妥协，别忘了表达一番理解和感情。

六是对于一些非正常的妥协，别忘了告诉对方下不为例。

## 6. 有勇有谋，智勇双全

（1）论辩需要勇气

春秋战国时期，崔杼在齐国发动政变，杀了齐庄公。崔杼勒令文武

百官集中在太庙前，对天盟誓支持他的朝政。不少大臣说得慢了些便被杀害。

晏子却手捧血杯，毫无怯懦之色，骂道："崔杼无道，谋杀国君，必遭雷击！"

话音未落，两个士兵将钢刀架到了他的脖子上。

"你自己定夺吧，是死？是活？"崔杼吼道。

晏子大笑说："崔杼！你弑君，推说国君无道。我晏婴呢，是天下罕有的正义之士啊！"

崔杼害怕杀了晏子会失去民心，只好放了他。

车夫见主人死里逃生，万分庆幸，急急忙忙把晏子搀扶到车上。他高兴地举起赶车的鞭子，正待一声吆喝，却听晏子慢条斯理地说："忙什么，慢点儿！跑得快了，也不见得活下来；跑得慢了，也不见得准死！"

崔杼荒淫无道，弑君篡位。晏子面对淫威，毫无惧色，挺身而出，怒斥强暴，凛凛浩气，令崔杼胆战心寒，只好把他放了。

论辩要有勇气，有信心，具有临危不惧、压倒一切的浩然正气，要有高尚的道德修养、良好的政治素质和高风亮节的风范。

（2）论辩需要智慧

下面我们来看著名节目主持人崔琦的机智口辩。一位演员唱乐亭大鼓，鼓板没打几下，便"砰"然落地，观众哗然。崔琦利用演员弯腰拣鼓的机会，亲切地对观众说："诸位，今儿个节目是临时的，这位演员没来得及带自己的鼓，用的是别人的，看来这鼓有点认生。"真是语惊四座。又一次，一位杂技演员表演《踩蛋》时，不小心脚下的鸡蛋被踩坏了一个，观众全都看见，演员很不好意思地又换了一个鸡蛋，崔琦忙打圆场："为了增加艺术效果，证实鸡蛋是真的，所以演员故意踩碎了一个给大家看。"不巧的是，崔琦话音刚落，演员脚下又一个鸡蛋碎了。观众马上转向主持人：这回看你怎么说。只见崔琦无可奈何地叹了口气，说："唉，社会上的伪劣产品屡禁不绝，看来不抓不行了——连母鸡都生产劣质产品！"

赛场如战场，辩手如将士。勇猛之士，有勇无谋是难敌对手的，辩者也是如此，既要有勇，还要有智。智者，聪明才干也，包括心理之智、言语之智，思维之智，应变之智等。

论辩机智贵在自然随便，贵在脱口而出，唯其如此，机智才显得货真价实。